Über dieses Buch »Zum Ursprung, zur Wurzel aller Werke, zur *Person*« führt Carl Zuckmayer jeweils in diesen drei Darstellungen zurück; die Dichter werden uns auf diese Weise nicht allein durch ihre Dramen und Bücher, sondern vor allem auch durch ihre Schwächen und ihr Schicksal (Schiller dazu durch sein Leiden) als Gestalten konkret vorstellbar. Dem »kataraktischen Lebenslauf« Schillers, der Natur als »das Allgemeine«, als allumfassend empfand und verstand, stehen bei aller Gegensätzlichkeit ihrer Temperamente die Brüder Wilhelm und Jacob Grimm mit ihrer äußeren Zurückhaltung, ihrer »Andacht zum Unbedeutenden«, und Gerhart Hauptmann mit seinem »Weltbegehren und Erdbeharren« gegenüber – sie, die in der Heimat wurzeln, ihrer Landschaft und ihrer Sprache, das Heimweh kennen, in dessen engen Umkreis »die schöpferischen Werte des Herzens« herrschen. Carl Zuckmayer hat sie bewundert und sich zu ihnen bekannt: 1948 im Essay, mit dem er auf die Lebensleistung der Brüder Grimm hinwies – 1959, als er zu Schillers 200. Geburtstag sprach (zum 100. hatte 1859 Jacob Grimm gesprochen) – 1962, als er Gerhart Hauptmanns hundertstem Geburtstag gedachte.

Der Autor Carl Zuckmayer wurde 1896 in Nackenheim am Rhein geboren, er wuchs in Mainz auf, studierte in Frankfurt und Heidelberg und ging 1920 nach Berlin. Die Theaterpraxis lernte er als Dramaturg in Kiel, München und Berlin kennen. Seit dem ›Fröhlichen Weinberg‹, für den er den Kleist-Preis erhielt, wurde er – in der Nachfolge Gerhart Hauptmanns – zum meistgespielten Dramatiker Deutschlands. 1926 erwarb er bei Henndorf im Salzburgischen die ›Wiesmühl‹ und baute sie zum Wohnhaus um. 1933 erhielt Carl Zuckmayer Aufführungsverbot. Er verließ Deutschland endgültig, blieb zunächst in Österreich, emigrierte dann in die Schweiz und die USA. Seit 1958 war er in Saas-Fee in der Schweiz ansässig, wo er am 18. 1. 1977 starb. Carl Zuckmayer wurde der Ehrendoktor der Universität Bonn verliehen, und er war Mitglied der Friedensklasse des Ordens ›Pour le Mérite‹; 1952 erhielt er den Goethe-Preis der Stadt Frankfurt. 1955 das Große Bundesverdienstkreuz und 1972 den Heinrich-Heine-Preis.
Im Fischer Taschenbuch Verlag erschienen: ›Herr über Leben und Tod‹ (Bd. 6), ›Der Seelenbräu‹ (Bd. 140), ›Als wär's ein Stück von mir‹ (Bd. 1049), ›Eine Liebesgeschichte‹ (Bd. 1560), ›Die Fastnachtsbeichte‹ (Bd. 1599), ›Rembrandt. Ein Film‹ (Bd. 2296), ›Die langen Wege. Ein Stück Rechenschaft‹ (Bd. 5829), ›Der Hauptmann von Köpenick‹ (Bd. 7002), ›Der fröhliche Weinberg/Schinderhannes‹ (Bd. 7007), ›Des Teufels General‹ (Bd. 7019), ›Der Rattenfänger‹ (Bd. 7023).

Carl Zuckmayer

Ein voller Erdentag

Drei Essays

Fischer Taschenbuch Verlag

Ungekürzte Ausgabe
Veröffentlicht im Fischer Taschenbuch Verlag GmbH,
Frankfurt am Main, April 1985
Lizenzausgabe mit freundlicher Genehmigung
der S. Fischer Verlag GmbH, Frankfurt am Main

Umschlaggestaltung: Jan Buchholz/Reni Hinsch
Gesamtherstellung: Clausen & Bosse, Leck
Printed in Germany
980-ISBN-3-596-25830-8

Inhalt

Ein Weg
zu Schiller

ZUM 10. NOVEMBER 1959

Theodor Heuss

in dankbarer Freundschaft

zugeeignet

Zweihundert Jahre sind es her, daß – unweit von hier, im unteren Vorderzimmer des einfachen, kargen Giebelhauses – ein Knäblein schrie, ein Mensch seinen ersten Schrei ausstieß, dessen Name und Wort die Welt nicht vergessen wird, solange es die deutsche Sprache gibt. Der erste Schrei – fast immer gleicht er einem verzweifelten Wehlaut, einem Schrei der Empörung wider das Schicksal, das den Neugeborenen zwang, als Mensch auf die Welt zu kommen. Doch bald ist er gefolgt vom ersten Lächeln, jenem holdesten Schimmer auf einem irdischen Angesicht, weil es noch ganz aus der schlummernden Seele kommt, als eine nie mehr wiederkehrende Ahnung geheimer Harmonie und himmlischer Heiterkeit. Anders dann das krähende, triumphale Lachen der ersten Freude, die dem erwachenden Geschöpf durch den Anblick seinesgleichen, des Mitmenschen, des Mitspielers, des Nächsten, des ihm Zugetanen, des Freudemachers, entlockt wird.

Kein Hort der Freude war das Marbacher Schillerhaus, keine Heimstatt geborgenen Kinderfriedens, die Not wohnte nahbei, der ortsansässige Muttersvater kam ins Unglück, der Vater war von Enttäuschung und Sorge verhärtet, die Mutter früh verhärmt, nach vier Jahren schon hieß es ausziehn, davonziehn. Doch in diesen vier Jahren, an die das Bewußtsein sich kaum zurückerinnert, prägen sich die Eindrücke des Lebens. Ein spielender Sonnstrahl durchs Fenster, das Feuerknistern unterm Abzug der rauchgeschwärzten Kochstelle ... Nächtliche Stimmen, ein Zank, ein Flüstern ... Vielleicht ist auch das Kind schon bis dorthin mitgelaufen, wo heute der ›Schiller-Acker‹ ist, von wo der Blick mit dem schmalen Fluß durch eine zarte und strenge Landschaft gleitet – vielleicht hat es schon damals dort so herzhaft nach Lauch und Zwiebeln gerochen – vielleicht hat sich der Bub zum ersten Mal geängstigt vor jenem ›wilden Männle‹ aus alter Zeit, das heut noch am Brunnen steht, gleich um die Ecke vom Haus, oder vor dem größeren an der Kirchenwand – und das brausende Summen, das weckende Klöppeln der Glockenschläge hallte in seinen Schlaf.

Zweihundert Jahre – was bedeuten sie vor dem Rauschen der Zeit –, was besagt ihr Ablauf, gemessen an der Erscheinung des Einmaligen, Ungewöhnlichen? Mir scheint die Spanne gering. Zwar umschreibt sie mehr als das Doppelte des Alters, das der Mensch in den seltensten Fällen erreicht. Für die Geschichte mag das viel oder wenig bedeuten – für uns bleibt es ein vorstellbares, ein überblickbares Intervall. Und wenn auch wohl grade die letzten zweihundert Jahre besonders reich waren an äußerer Veränderung, rapiden Entwicklungen – fern sei es von mir, sie näher zu erörtern! –, es bleiben doch immer nur viermal fünfzig, die uns von Schillers Geburtsjahr trennen, vier Viertel, von denen viele von uns schon mehr als eines durchmessen haben. So kann ich selbst mich gut an die Schillerfeiern vor einem halben Jahrhundert erinnern – 1905 und 1909 –, denn da hatten wir schulfrei – und ich darf hoffen, daß man auch heute wieder der Jugend auf diese Weise die Liebe zu ihren Klassikern ins Herz pflanzt. Getrübt wurde unsere Liebe damals durch den Umstand, daß es eben die Schillerfeier gab – bei der wir, wenigstens die mit Gehör und Stimme Gestraften, eine recht scheußliche Chorkomposition der ›Glocke‹ abschmettern und zu einer Reihe von Vorträgen und Reden stillsitzen mußten.

Die Ansprachen und Festreden im damaligen Deutschland, man kann sie nachlesen, hatten durchweg etwas Rauschebärtiges, Vaterländisches, Brustgeschwelltes, und der Schiller wurde mit nationaler Inbrunst gefeiert, als ob er die Völkerschlacht bei Leipzig geschlagen, den Krieg siebzig gewonnen oder mindestens als Vorturner beim Turnvater Jahn ein erhebendes Beispiel gegeben hätte. Schon das Pflanzen einer Schiller-Eiche, das damals Sitte war, vollzog sich mit einem cheruskerhaften Einschlag. Auch hielten die Lobreden unsrer Erzieher sich in einem bieder-tugendböldischen, salbungsvollen, zitatenschwangeren Tonfall: der Mann, der damals gepriesen wurde, erschien uns Jungen als ein Oberschulmeister mit lustlosen Moralsprüchen für alle Lebenslagen – und die einschränkungslose Begeisterung des Lehrkörpers machte uns selbst die Freiheit, die er angeblich verkündet hatte, recht verdächtig. Da schien doch sein Denkmalszwilling, der Goethe aus Frankfurt drüben, ein anderer Kerl zu sein – von dem bekam man nur zensurierte, für die Jugend gereinigte Schulausgaben in die Hand, in welchen es immer noch statt mancher Worte die phantasieanregenden Pünktchen gab, ... und über seinen Lebenswandel wurde geschwiegen, oder gemunkelt. Beim Schiller war alles in Ordnung, und jugendfrei.

Was für ein krasser Irrtum. Er gleicht jener ähnlichen Täuschung, daß die Bibel harmlos und daß der ›Grüne Heinrich‹ des zornigen Gottfried Keller ein Buch für Konfirmanden wäre. Bald hatte man sich aus dem Bücherschrank der Eltern den Band mit den ›Räubern‹ gelangt, die natürlich in der Schule nicht gelesen, nur verlegen erwähnt wurden –, und was man da fand, und mit glühheißem Kopf verschlang, rückte den biederen Schwaben in ein ganz anderes, ungeahntes Licht.

»Den Vater kömmt der Kitzel an«, las man dort, »beim Anblick eines aufgedeckten Bettlakens. Soll ich ihn heilig achten, weil er mich gemacht hat? als wenn dies mehr wäre als viehischer Prozeß zur Stillung viehischer Begierden! Ich möchte doch fragen – *warum* hat er mich gemacht? doch wohl nicht gar aus Liebe zu mir, der erst ein Ich werden sollte? Hat er mich gekannt, eh' er mich machte? Oder hat er mich gedacht, wie er mich machte?

Hat er mich gewünscht, da er mich machte? Wußte er, was ich werden würde? Das wollte ich ihm nicht raten – sonst möcht' ich ihn dafor strafen, daß er mich doch gemacht hat!«

Was uns da ansprang, war eine furchtbare, eine unbarmherzig entweihende Diabolik – es jagte einen brennenden Schreck, einen eisigen Schauer durch die Seele, es riß ein Bild nieder, das heilig, einen Mantel der Ehrfurcht, der unberührbar schien – und aus der Empörung, dem Aufruhr, dem verzweifelten Schicksal und dem selbstvernichtenden Todesmut des Räuber Moor schlug uns ein Feuer entgegen, das nichts von edlem Heroismus, von reiner Opferflamme hatte, es war eine dunkle, eine unheimliche Glut, ein wildes Schwelen und Flackern, ein Brandgeruch, wie von einer im letzten Strafgericht verkohlenden Welt.

Nein, da war kein Erlösungsstrahl, kein schimmernder Regenbogen nach befreiendem Gewitter – es war eher, als hätte man einem nächtlichen Vulkanausbruch beigewohnt, beklemmend und schauerlich, ungeheuer erschütternd und unbegreiflich erregend. Jedoch ging diese unbegreifliche Erregung nicht nur vom Stofflichen aus – man wurde mitgerissen von einer hemmungslosen Springflut der Poesie, des leidenschaftlichen Ausdrucks, der dramatischen Urgewalt, die den Empfangsbereiten auf- und umwühlen mußte.

Immer wieder, so glaube ich, für jede neue Generation, werden die ›Räuber‹ den Inbegriff jugendlich-genialer Eruption bedeuten und wie kein anderes Werk den Menschen mit der entfesselten Tragik, der ungelösten und unlösbaren Tragödie seines zwiespältigen Geschlechtes konfrontieren.

Aber trotz dieser aufrüttelnden Begegnung wurde der Weg zu Schiller von zähen Hindernissen verstellt. Versuchte man, dem Ganzen des gigantischen Werks oder seinen einzelnen Phasen näher zu kommen, so gab es sich immer wieder »hart und felsig – ohne Liebe«, wie Jean

Paul in Schillers späteren Jahren den Menschen sah. Der Zugang zu den meisten Schriften und Gedichten war durch eine dem Lebensgefühl der Zeit entfremdete Pathetik erschwert oder durch falsche, moralisierende Interpretation verdorben – und selbst auf der Bühne wurde er uns durch antiquierte Darstellung und szenische Konvention verkampfert –, ein Ruch von Mottenkugeln schien von der Kostümierung und von der Sprache auszugehn, der später erst, zum Teil durch gewaltsame ›Modernisierung‹, zum Teil durch große Schauspielkunst und Reifung des eigenen Empfindens weggeblasen wurde. In unsrer Jugend empfanden wir seine grandiosen dramatischen Effekte eher als knallig und ausgerechnet, seine Inhalte als unverbindlich, oder allzu verbindlich für jedermann. Ähnlich muß Stifter empfunden haben, als er – bei vollem Wissen um seine Größe – vor dem mit Schiller getriebenen Götzendienst warnte, und vor der Gefahr seiner »Phrasen für das Phrasenzeitalter«. Als es im Jahr 1914 losging, wurde der ›Tell‹ gegeben, und schürte die nationale Begeisterung – im Jahr 1918 gab man ihn wieder, und ließ ihn das revolutionäre Feuer schüren ... Und wenn man von dem zeitlos nachhallenden Brandungsdonner der ›Räuber‹ absah, mußte man immer erst hart rudern, einen inneren Umweg überwinden, um Schiller nahzukommen – einen Sinn, eine Meinung, eine Absicht hineindeuten lernen, eh' man sein Wort verstand.
Wie wenn man ein Kind durch sandige Dünen zum Ozean führen würde, dessen Größe, dessen Nichts-als-Größe es nicht begreift, so war der Weg zu Schiller: mühsam und ohne Lieblichkeit. Er ging nicht durchs unmittelbare Entzücken, durchs Hingenommensein, wie der zu Goethe, nicht durch den unbegreiflichen Schauer, wie der zu Hölderlin, durch Naturmelodik, gewürzt mit Ironie und Rausch, wie zu den Romantikern, durch Hautnähe und Blutsverwandtschaft, wie zu Büchner, durch aufspaltenden Blitzschlag, wie der zu Nietzsche – er ging durch Vernunft und Überlegung, durch Respekt und Erstaunen,

durch die bewußte Suche nach Wertsetzung, nach dem Extrakt gebildeter Humanität – und, mit dem eignen Weg zum Theater, durch die wachsende Bewunderung für seine beispiellose Meisterschaft im theatralischen Handwerk, für die Größe und die Bedeutung seiner dramatischen Gegenstände, für die Macht und den Adel seiner Hervorbringungen. Und dennoch wäre es, bei aller künstlerischen Ergriffenheit, ein geistig abgekühlter, ein distanzierter Weg geblieben, hätte sich nicht plötzlich, durch einen unerwarteten und ehrenden Ruf, die Not der Aufgabe gestellt, vor der Sie mich heute und hier erblikken. Fürwahr eine schwere Not, – und wie alle Not zum radikalen Ausweg führend, in diesem Fall: zum Ursprung, zur Wurzel aller Werke, zur *Person* –, zum gelebten Leben, zum durchlittenen Schicksal, zu eines Dichters voller Menschlichkeit.

Ich denke an einen Oktobermorgen des Jahres 1782, von dem berichtet wird, daß es ein schöner Morgen war – ich denke ihn mir so, wie manche Oktobertage in meiner Heimat, dem rhein-hessischen Hügelland zwischen Mainz und Worms, sich erschließen: das Licht kühl und silbrig in der Frühe, die Sonne noch leicht vernebelt. Vom Strom streichen weiße Dunstschwaden ins Land, zerfließen und breiten sich als ein zartes Spinnweb über die vom Herbst berosteten Weinberge und Obsthalden, dann blaut der Himmel auf in voller, ungetrübter Klarheit, überquellend von Gold. – Dort, zwischen Mainz und Worms, auf der wenig belebten, von Ochsenkarren mit Mist oder Kohlköpfen und selten von einer Chaise oder der Postkutsche beratterten Landstraße, wandern zwei junge Leute rheinaufwärts. Die Straße ist hart und staubig, über Lauben- und Bodenheim weicht sie vom Fluß ab, durch nackte, baumlose Rebhügel, die Herbstsonne beginnt zu brennen. Dem Rothaarigen mit der allzu weißen, fast kränklich bleichen Haut, der vorspringenden Nase, dem mageren Hals und dem etwas stelzigen, knieeinwärts versteiften Gang des Ungeübten wird der Weg bald sauer,

obwohl der andere, der kräftiger und von Wuchs und Zügen ebenmäßiger erscheint, für beide die Ränzlein trägt. Schweißperlen stehen auf seiner Stirn, er bemerkt nicht die Landschaft, auch nicht den Freund an seiner Seite. Starr blickt er vor sich hin, mit angestrengten Brauen über den großen, brennenden, an den Lidrändern rot entzündeten Augen, es ist, als ob er im Gehen eine andere, härtere Arbeit verrichte, und manchmal murmelt er aus trockenen Lippen einen lautlosen Satz, wie um ihn zu memorieren. Der junge Andreas neben ihm beobachtet ihn mit einer besorgten Ehrfurcht und wagt nicht, was er wohl sonst getan hätte, zu pfeifen.
Am Vorabend waren sie mit dem Marktschiff in Mainz angekommen, von Frankfurt her – wohin sie, die Bergstraße entlang, über Darmstadt, eine Woche früher gewandert waren, weil sie sich in Mannheim nicht vor Verfolgung und Auslieferung sicher fühlten: denn der Herzog von Württemberg hat einen langen Arm und könnte seinen desertierten Regimentsmedicus Friedrich Schiller, wenn er wollte, auch im Kurpfälzischen erwischen. Nun wollen sie noch vor Nacht bis Worms gelangen, zu Fuß natürlich, denn am Fahrgeld mußte man sparen, wenn man die nächsten, ungewissen Wochen bedachte – und von dort, mit aller Vorsicht, nach Mannheim zurück, weil es ja doch vielleicht eine kleine Chance gab, dem hartleibigen Intendanten Dalberg einen Vorschuß auf das neue Stück zu entsteißen; – denn sonst gab es überhaupt keine Chance.
Es geht gegen Mittag, sie haben das anmutige Dörfchen Nackenheim durchwandert, an seiner schön geschwungenen Pfarrkirche und dem Fachwerk des alten Rathauses vorbei, die Straße führt wieder am Rhein entlang, ihre Schuhe haben sich mit einem seltsam ziegelrötlichen Lehmstaub bedeckt. Jetzt kommt Nierstein, damals noch Nierenstein genannt, es wird Zeit, eine Rast zu machen. Dicht am Flußufer finden sie ein Wirtshaus, es nennt sich ›Zum alten Schmitt‹, dort können sie, hinterm Fenster der

kühlen, leeren Gaststube, die Glieder strecken. Mehr um des Freundes Lebensgeister zu befeuern als aus Durst oder Neugier bestellt Andreas einen Halbliter vom Besten Alten, der sich im Keller findet, obwohl's einen ›kleinen Taler‹ kostet. Der scheint erst kaum zu merken, was er trinkt, er hebt das Glas vors Gesicht, starrt in sein grünliches Rund, als erscheine ihm darin eine Fratze, oder ein Totenkopf ... Er grinst, schiebt die Unterlippe vor ... vielleicht geht ihm ein makabrer Trinkspruch durch den Sinn, ähnlich jener frech-finsteren Widmung, die er kürzlich seiner ersten Gedichtsammlung, der ›Anthologie auf das Jahr 1782‹, vorausgestellt hat: »Meinem Prinzipal dem Tod zugeschrieben.«

Dann aber, nach einem Schluck und ein paar tiefen Zügen, den Blick auf das starke reißende Ziehen und stille Gleiten des Stroms draußen geheftet, beginnt er, allmählich, von innen zu erglühen. Die Augen verlieren das starre, abwesende Bohren, werden mild und feucht, verklären sich zu jenem sanften, kindlichen Glanz, der ihn den Freunden so lieb macht. Der Mund hat sich gelöst, zum Lächeln gesänftigt, es ist ein leichtes, ein heiteres, ein befreites Lächeln, und plötzlich packt er den Freund bei der Schulter, in überquellender, sprühender Lustigkeit: »Herrgott, Kerl, Herrgott, Andreas!!« Da sitzen sie nun beim Niernsteiner und strecken die Füße aus, und der Herzog Carl Eugen mitsamt dem General Augé und dem großmächtigen Intendanten Wolfgang Heribert Reichsfreiherr von Dalberg können sie allesamt gernhaben!

Sie fangen zu schwätzen an, zu albern, Späße zu machen, wie's junge Leute beim Weinglas tun, sie möchten sich kugeln vor Lachen über all die Abenteuer, Umstände, Fährlichkeiten dieser Flucht, die ihnen plötzlich ungeheuer komisch vorkommen – die beiden mitgeführten Pistolen zum Beispiel, von denen keine losgegangen wäre, die eine mit zerbrochenem Schloß, die andre ohne Feuerstein und Pulver – oder den falschen Namen, den sie dem Wachtposten am Stuttgarter Stadttor, mit fester

Stimme, doch nicht ohne leises Zittern genannt haben: Dr. Ritter ... – jetzt aber müssen sie sich einen neuen ausdenken, denn der ist in Mannheim schon bekannt, und den beiden rinnen die Lachtränen herab, weil ihnen kein besserer einfällt, als der auf dem Türschild der Wirtschaft draußen, nämlich Schmitt ... Prost Doktor Schmitt! Ritter – Schmitt – Schiller – es ist alles gleich: nur Leben! Nur Dichten! Nur Freisein!
Wieder wandern sie auf der Rheinstraße, Richtung Oppenheim-Guntersblum, aber das Gehen scheint jetzt wie ein Schweben, alles ist leicht und fließend, Strom, Luft und Seele. In den Weinbergen ist da und dort noch eine späte Lese im Gang, Singsang der Mädchen schallt zu ihnen herab, und das Klappern, Schnelzen, Johlen, Knallen, mit dem man die traubenhungrigen Spatzen und Stare zu verscheuchen sucht ... Über den an- und absteigenden Hügeln wölbt sich's unendlich klar, unendlich weit, und mit ausgebreiteten Armen eilt er darauf zu, als wolle er den unerreichbaren Rand umfassen, wo der Himmel die Erde berührt. Freiheit! – das ist: die Zukunft, das volle Leben, die ganze Welt, – das ist das ungeheure Wagnis, das Ziel, der Traum, die Dichtung, sogar das Glück – in diesem Augenblick liegt alles vor ihm, weit aufgetan, in unermeßlicher, unbegrenzter Fülle. Zum ersten Mal seit jenen hektischen Tagen verspürt er das ganze Entzücken: der Fesseln ledig, dem Käfig entronnen zu sein, laut muß er auflachen, in einem fast kreischenden Jubel, und ihm ist, jetzt brauche er nur noch die Flügel zu breiten, die Schwingen zu regen, um sich über alles Enge, Kleine, Widrige des Erdengeschicks wolkenhoch zu erheben.
Drei Stunden, erzählt Andreas Streicher, der Freund und Fluchtgenosse, dauerte diese euphorische Seligkeit ...
Da zieht er hin, der junge Friedrich Schiller, berühmt und berüchtigt als Verfasser des aufrührerischen Trauerspiels ›Die Räuber‹ – zweiundzwanzig Jahre alt, knapp einen Monat vor seinem dreiundzwanzigsten Geburtstag, den er im ›Gasthaus zum Viehhof‹ in Oggersheim bei

Mannheim-Ludwigshafen, in recht gedrückter Stimmung, verleben wird ... Aber das weiß er noch nicht. Was vor ihm liegt, weiß der Himmel. Er weiß nur, was hinter ihm geblieben ist: der Druck, der Zwang, die herzpressende Not. Acht Jahre lang, vom dreizehnten bis zum einundzwanzigsten, in der »militärischen Pflanzschule« des Herzogs Carl Eugen – die Monate, Wochen, Tage, Stunden zählend ... Schon in dem Wort ›Pflanzschule‹ steckt etwas von kalt geplanter, wuchsbeschneidender Züchtung – obwohl allerdings auch das Wort ›Seminar‹ nichts anderes bedeutet –, aber im Zusammenhang mit ›militärisch‹ verliert es das Pflegliche, Gärtnerisch-Hegsame, verengt sich zum starren Begriff der Zucht, erweitert sich bedrohlich zu dem der Züchtigung. Eine Mischung aus spartanischer Staatserziehung, sarazenischem Serail, Klosterschule und Kadettenanstalt hatte sich Carl Eugen in seinem seltsam von hohen und minderen Ideen durchkreuzten Autokratenschädel ausgedacht, und in der Tat – aus all diesen, an sich vielleicht zweifelhaften Institutionen hatte sein Internat auch etwas von ihrer ursprünglich hohen Zielsetzung und erlesenen Aufgabe bewahrt. Von heute gesehen, und aus der Erfahrung mancherlei gesellschaftlicher Umschwünge, müssen wir mit dem Despotentum jener Zeit nicht mehr so fürchterlich zu Gericht gehen. Diese kleinen und größeren Fürstenhöfe in der Hochblüte des Absolutismus – vom jungen Schiller, am heftigsten in ›Kabale‹, mit brennenden Ruten gegeißelt –, was haben sie nicht ihrem Zeitalter an geistiger Aufgeschlossenheit, Toleranz, kultureller Verbindlichkeit und Geschmacksbildung vorgelebt, – trotz allen Mißbrauchs, zu der die unbedingte Macht ihre Träger immer wieder verführt, und zwar ihren kleinen Funktionär noch leichter als ihre angestammten Bewahrer. Auch in Schillers Leben – von der schicksalhaften Antagonistik abgesehen, daß er eben doch seine grundlegende Geistesbildung der verhaßten Karlsschule verdankt – kamen die wenigen, entscheidenden Glücksgeschenke fast immer aus Fürstenhand: durch Karl August von Weimar, durch den Erbprinzen Friedrich Christian von Dänemark, zuletzt sogar, durch das Angebot des königlichen Hofs, aus Preußisch-Berlin! Und der Peinlichkeit subalternen Hofschranzentums stand die echte, bescheidene Vornehmheit vieler Souveräne, das ernste Bewußtsein ihrer Verantwortlichkeit für den Geist der Nation entgegen, in einer Zeit, in der ein kulturell verantwortliches Bürgertum als tragende Schicht noch nicht existierte. Jede Gesellschaft, die bestimmte Formen ausbildet und eine deutliche Architektur aufweist, wirft auch deren Schatten. Sie waren Fürstendiener, die Goethe, Schiller, Herder, Wieland – sie mußten sich ihre Existenz durch Hofämter, oder aber durch harte Brotarbeit, erfronen –, in ihrem eigensten Umkreis jedoch verkehrten sie untereinander, lebten und schafften sie in einer hohen Freiheit des Geistes, sie bildeten eine dünn gesäte, doch exemplarische und einander fortgesetzt steigernde Elite, um die eine Höhenluft wehte, wie sie heute, im Zeitalter der Bindungslosigkeit und der intellektuellen Bevormundung, kaum mehr denkbar ist.

Der junge Schiller, in seinem unbändigen Drang, nach Selbstgestaltung, freier Entfaltung seiner Geniekräfte, sieht nur den Schatten, empfindet nichts als den Zwang. Aufstehn und essen, lernen und beten, rasten und ruhen, auf Befehl, nach Zählen – fünfzig bis sechzig Zöglinge in einem gemeinsamen Schlafsaal, all die Jahre hindurch ohne einen einzigen Urlaubstag, bewußt von Eltern, Familie und überhaupt von aller privaten Lebenswelt getrennt, um von keinem anderen Einfluß als dem der staatlichen Erziehung für den Staat berührt und geformt zu werden, und dies in einer Epoche, die – fern von aller Kollektivtendenz – mit ihren besten Kräften zur Entdekkung des Individuellen, zur Thronerhebung der Persönlichkeit, zur Verselbständigung des freien Menschengeistes hinstrebt. Dazu der für die Karlsschule typische Kontrast: geistvolle, humane Lehrer, engstirnig-brutales

Aufsichtspersonal, und über allem der Herzog, ein omnipotenter Vater, der er den Schülern, nicht aus Laune, sondern aus echter Überzeugung heraus, wirklich zu sein glaubte. Das Explosive der Gegenwirkung liegt auf der Hand: natürliches Freundschaftsgefühl der jungen Menschen erhitzt sich ins Bündlerische, Verschwörerhafte, Schwärmerisch-Exaltierte, vom erwachenden, eingedämmten, ganz in die Phantasie abgedrängten Jünglings-Eros befeuert. Glühende Briefe gehen hin und her, sie haben den Tonfall von Liebesbriefen, Lebensschwüre werden getauscht, Enttäuschung über unerwiderte Neigung, unverstandene Hingabe der Seele zerreißt die Herzen. Im Mittelpunkt des kleinen, verschworenen Kreises steht das tollkühne Beginnen ihres bewunderten Feuerkopfs, Erzrebellen und schärfsten Freigeistes: ein Stück, das den Sturm und Drang der Klinger und Gerstenberg, des ›Götz‹ und des ›Ugolino‹, ja den von Wieland eben erstmals in poetische Sprache übertragenen Shakespeare, an Leidenschaft und Radikalität in den Schatten stellen soll ... »Wir wollen ein Buch machen, das aber durch den Schinder absolut verbrannt werden muß!« ... Immer wieder wird Anlauf genommen, zehnmal entsteht es in abgeänderter, umgeschriebener Fassung, und doch ist es aus einem einzigen Flammenstoff ... Inzwischen hat sich das schlimmste Kerkertor geöffnet, aus der Karlsschule ist er heraus, bei der trefflichen Hauptmannswitwe Luise Vischer haust man in einer Art von Studentenbude, als ein »tabakstinkendes Loch« geschildert, mit gleichgesinnten Freunden ein bißchen Libertinage und Burschenwildheit spielend, jedoch immer noch unter strengster, militärdienstlicher Observanz, die keinen Schritt aus der Stadt, nicht einmal einen Besuch bei den Eltern ohne Urlaub gestattet. Man versucht, durch Redaktion und Herausgabe eines Provinzblättchens, der ›Nachrichten zu Nutz und Vergnügen‹, die finanzielle Lage ein wenig zu verbessern – das »verdammte Zeitungsschmieren«, wie er es nennt, bringt aber ihm selbst ebenso wenig Nutz und Vergnügen wie das Rezeptausschreiben für gichtbrüchige Veteranen, und das Geld für die Herausgabe der inzwischen vollendeten ›Räuber‹ – auf eigne Kosten, denn kein Verleger will sich daran die Finger verbrennen – muß durch Pump und Borg zusammengekratzt werden, von den Freunden natürlich ... »Höre Kerl!«, schreibt er im Überschwang der Hoffnung, im verspielt-burschikosen Ton seiner Jahre an Petersen, »wenn's reüssiert! ich will ein paar Bouteillen Burgunder drauf schmecken lassen!«

Nun – es hat reüssiert. Für hundertfünfzig Gulden Bürgschaft ist das Buch heraus. Es kommt dem Mannheimer Buchhändler Schwan, durch ihn dem Intendanten und Hofkammerrat Dalberg in die Hände, dem – so schäbig er sich später benimmt – ein lebendiger Sinn für die dramatische Dichtung eigen ist. Gewiß macht er Einwände, Bedingungen: neue Umarbeitung wird verlangt, Milderung über Milderung, Verwässerung, Verharmlosung bis zur Grenze der Kastration – und dennoch: ein Blutstrom scheint sich, bei der Uraufführung am 13. Januar 1782, über die Rampe zu ergießen, der die Zuschauer in einen Rausch von Schrecken, Bestürzung, und schließlich in eine enthusiastische Raserei versetzt ...

Der Intendant hat ihm die heimliche Reise nach Mannheim gezahlt, damit er der Uraufführung beiwohnen kann – und das war aber auch alles, was der junge Dichter mit seinem Sensationserfolg, der seinen Namen über ganz Deutschland trug, verdiente! Er mußte ja glücklich sein, gespielt zu werden, als ein Anfänger, der nicht als ›Theaterdichter‹ bestallt und beauftragt war – Tantièmen, Rechtsschutz des Autors gab es nicht, und der Erlös für das von den Zeitgenossen als anrüchig betrachtete und daher verschlungene Buch wandert in die Taschen der Buchhändler. Der Dichter kann noch nicht einmal die ursprüngliche Bürgschaft zurückzahlen. Schon für die zweite heimliche Reise, die er mit der mütterlichen Freundin Henriette von Wolzogen, deren Sohn Wilhelm ein Schulkollege von ihm war, und der vielleicht nicht ganz so mütterlichen Hauptmannswitwe unternimmt, um sein Stück noch einmal auf der Bühne zu sehn, werden neue Schulden gemacht. Verstört, entmutigt durch seine Zwangslage, und mit einer Infektionskrankheit, die man damals die ›russische Grippe‹ nannte – wir haben es schon bis zur asiatischen gebracht –, kommt er zurück, um – wegen unerlaubter Entfernung vom Regiment – vierzehn Tage Arrest abbrummen zu müssen ...

Aber schon in der Arrestzelle wird am Entwurf und den ersten Szenen eines neuen Stücks gekritzelt, – der kluge Intendant Dalberg hat ihn auf die Verschwörergeschichte des Fiesco zu Genua, auch auf das Vater-Sohn-Drama zwischen Philipp und Carlos am spanischen Hof aufmerksam gemacht, – prachtvolle Stoffe nicht nur für sein auflehnerisches Temperament, sondern auch als Übung in der dramatischen Prägnanz, in dem, was er die ›Situationen‹ nennt, Verwicklung, Auflösung, Knotenschürzung der Fabel. Ganz insgeheim aber keimt jetzt schon in seiner Phantasie der Plan, mit dem er seine Zeit und Mitwelt am Lebensnerv treffen, im Innersten aufrühren will: die Idee zu dem bürgerlichen Trauerspiel ›Luise Millerin‹, der Tochter des Cellospielers, die an den Vorurteilen der Stände, an den Intrigen der herrschenden Gesellschaft zugrunde geht.

Da trifft ihn, inmitten besessener, nervenzerrüttender Arbeit, der zweite Schlag, der vernichtende, unverwindliche. Befehl des Herzogs: »Bei Strafe der Kassation schreibt Er keine Komödien mehr!« Durch eine läppische Affäre, wegen eines unbedeutenden, unbedachten Nebensatzes in den ›Räubern‹, durch den sich, ausgerechnet, die Graubündner beleidigt fühlten, weil darin Graubünden als das »Athen der heutigen Gauner« bezeichnet wurde, ist dem Carl Eugen die Galle übergelaufen. Die Folge: totales Schreibverbot. – Für uns, in der Mitte des zwanzigsten Jahrhunderts Lebende, klingt das nicht ganz so unbekannt, so unvorstellbar, wie es vor fünfzig bis sechzig Jahren etwa, um die letzte Jahrhundertwende, ge-

klungen hätte. Wir kennen Ähnliches, haben Entsprechungen erlebt. Und wir wissen, ganz gleich, ob es aus Fürstenmund, ob aus dem Machtbefug politischer Instanzen kommt: es ist das Todesurteil, ja fast Ärgeres, für den Menschen, dem der freie produktive Ausdruck seiner Innen- und Eigenwelt mehr als eine Existenzfrage bedeutet, nämlich Lebensgesetz, Herzschlag, Atemluft, alles. Wir wissen auch, daß einem jungen Menschen, der vor diese Not gestellt wird, kein anderer Ausweg bleibt als Vaterlandsflucht, Emigration – der Weg in die Fremde, ins Ausland, das fast immer zum Elend wird.
Denn ein Umgehen des Befehls, ein heimliches Zuwiderhandeln, wäre damals ebenso gefährlich gewesen wie es heute unter den verschobenen Machtumständen einer Diktatur sein kann. Zehn Jahre seines Lebens war der freiheitliche Publizist und Künstler Schubart auf der Festung Hohenasperg eingesperrt, und wenn er auch in seiner späteren Haftzeit ein leidliches Leben hatte, arbeiten und Besuche empfangen durfte – darunter den des jungen Schiller –, so hatte er doch vorher wirklich in einem Kerker geschmachtet, in dessen feuchte Wände er, mit der Kante einer Hosenschnalle, sein berühmtes Gedicht ›Die Fürstengruft‹ einritzte, – jene bitteren Verse, die Schiller in der Nacht seiner Flucht, bei einer Rast in dem Dörflein Entzweihingen, rezitierte ... Sie war ernst genug, diese Flucht, es ging wahrhaft ums Leben, – und dennoch haftet ihr ein entwaffnender, rührender Zug von kindlicher Arglosigkeit und melodramatischer Romantik an. Die Geschichte ist allbekannt – nur vielleicht doch nicht genug, unter welchen Opfern einer echten, unbeirrbaren, selbstlosen Freundschaft sie unternommen wurde. Niemals wär' sie zustande gekommen ohne die Hilfe des jungen Andreas Streicher, des Weggenossen an jenem Oktobertag, der – selbst kaum über zwanzig und ein hochbegabter Musikstudent – von seiner Mutter das Reisegeld bekommen hatte, um zur Ausbildung nach Hamburg zu dem berühmten, großen Bach zu gehn, – das war Philipp

Emmanuel, Johann Sebastian war damals so gut wie vergessen, er wurde viel später erst, vor allem durch Felix von Mendelssohn, neu erkannt und entdeckt. Bis nach Hamburg ist der junge Andreas nie gekommen – alles, was die Mutter ihm mitgeben und nachschicken konnte, spendete er klaglos und ohne Zögern für den Unterhalt und das mühsame Durchbringen des unglücklichen Gefährten, dessen Schicksal er ganz zu dem seinen machte. Denn – so schreibt er – »nicht Jedermann kann das Schicksal haben. Es gehört eine gewisse Größe dazu, so unglücklich zu sein!« –
»Unglücklicher kann bald Niemand sein als ich«, hatte Schiller selbst noch vor seiner Flucht an den Intendanten Dalberg nach Mannheim geschrieben, – in der Hoffnung, daß der sich beim Herzog, bei dem er in gutem Ansehen stand, für ihn verwenden, ihm vielleicht sogar einen Urlaub, eine vorübergehende Lehrzeit an seinem Theater erwirken könne ... »So sähe es«, heißt's in dem Brief, »mehr einer Reise als einer völligen Entschwäbung (wenn ich den Ausdruck gebrauchen darf) gleich, und fällt auch so hart nicht auf ... Wenn ich nur einmal hinweg bin!!« – Der Brief wurde nicht einmal beantwortet. Reichsfreiherr von Dalberg wollte sich's mit keiner Fürstlichkeit verderben, er dachte gar nicht daran, wie Schiller ihm diplomatisch vorgeschlagen hatte, den »Herzog zu kitzeln«, indem er den aus seiner Pflanzschule hervorgegangenen, durch Bühnenerfolg bestätigten Dichter ganz als sein, des Herzogs, Geschöpf, Schößling und Sprößling seines Geistes darstellte ... Er hatte, jetzt und in der späteren, ärgsten Lebensnot, kein Wort und keinen Groschen für seinen jungen Dichter, dem er allen Ruhm seines Lebens verdankte, – denn wer würde heute noch den Namen Dalberg nennen, es sei denn, man spräche von seinem bedeutenderen und nobleren Bruder Karl Theodor. So heißt es aufs Geratewohl ins Ungewisse gehn. Wie auf dem Schillerschen Theater, in blendend gesetztem dramatischem Effekt, kontrastiert die graue, nächtige Heimlichkeit sei-

ner Flucht mit dem glanzvollen und rauschenden Geschehen dieser Tage, durch das sie gedeckt wurde ... Staatsbesuch des russischen Großfürsten und nachmaligen Zaren Paul mit seiner Gemahlin, einer Nichte des Herzogs – ›Großer Bahnhof‹, gewaltige Auffahrt kostbarer Equipagen, mit noch kostbareren, edelsten Pferden aus dem herzoglichen Marstall bespannt, vor allem aber eine Hofjagd gigantischen Stils, für die aus allen Revieren des Landes etwa sechstausend Hirsche im Wald bei der Solitüde zusammengetrieben, bei Tag von einer engen Treiberkette, bei Nacht von einem Kranz lodernder Wachtfeuer am Durchbrechen verhindert, und schließlich in einem grausamen, aber sicher herrlich anzuschauenden Stampedo einen steilen Hügel hinaufgejagt und gezwungen wurden, sich von da in einen aufbrausenden See zu stürzen, »in welchem sie«, wie es in einer Beschreibung heißt, »aus einem eigens dazu erbauten Lusthaus nach Bequemlichkeit erlegt werden konnten ...« Auf diesem pompösen Hintergrund, der an Gobelins und Wandgemälde des dreizehnten Jahrhunderts erinnert, und vor dem eines die Nacht durchdonnernden und durchfunkelnden, riesigen Prachtfeuerwerks spielte sich, am 22. September, die unscheinbare Ausfahrt des rothaarigen, blassen, schon damals kränklichen Jünglings ab, der damit jede Aussicht auf irgendwelche Subsidien, Sicherheiten oder auch nur ein Existenzminimum aufgegeben hat, dem nichts mehr eignet als seine Träume, seine hochfliegenden, keiner Erfüllung gewissen Pläne, und das Manuskript eines fast vollendeten Dramas in der Tasche ... »Meine Mutter«, ruft es plötzlich aus ihm, nachdem sie das Stadttor durchfahren, die Gefahrengrenze hinter sich gelassen haben, und er versinkt, auf die dunkle Landstraße starrend, in ein langes Schweigen ...

Vielleicht war es das tief Unglückliche, auch Unglückselige, in seiner Wesensanlage, nicht nur im äußeren Schicksal – diese leidenschaftliche Neigung zur Tragik, wie später das ebenso leidenschaftliche, bis zur Selbstzerstörung getriebene Dranbleiben an einem einmal gefaßten Werk- oder Studienplan –, was ihn einem Teil der Zeitgenossen unheimlich, ja unsympathisch, und jedenfalls in seiner Jugendphase schwer verständlich und schwer akzeptabel machte. Vielleicht liegt hier die Wurzel seines mangelnden Erfolgs in der Zeit nach der Flucht und vieler späterer Rückschläge. Man konnte ihn wohl nur lieben oder verabscheuen – und es ist sicher schwer, die Zerrissenheit einer Natur, das immanent Gefährdete und Gefährliche, das maßlose, zu keinem Ausgleich gestimmte Temperament eines ungezügelten Geistes, den Sprengstoff in einer Seele zu lieben, oder auch nur zu verzeihen.

Denn es lebten doch immer die beiden in ihm, der Karl *und* der Franz Moor, nicht nur der Held, der Edle, der – und sei's als Gewalttäter, unter Aufopferung seiner selbst – die Welt ins idealische Muster zwingen will, – auch der Andere, der Widersacher, der Diaboliker, der gestürzte Engel, der zum Teufel geworden ist, der an Liebe zukurzgekommene und vom Haß versehrte, der gnad- und gnadenlose Bruder.

Oft sind die beiden untrennbar ineinander verklammert, oft streben sie mit barbarischer Kraft auseinander, wie gepeitschte Hengste, die den lebendigen Leib eines zwischen sie Gefesselten in Fetzen reißen. Nicht die zwei Seelen sind's, wie sie in jedes Menschen Brust wohnen – es ist etwas Schlimmeres, es ist eine zwiegesichtige, janusköpfige, mit sich selbst zerfallene und verzweifelt um Einheit ringende Seele, von der er besessen ist. Auf kalte, detachierte und grade dadurch erschütternde Weise entschlüsselt sich dieser Zwiespalt, dem er am Schluß seines Lebens im ›Demetrius‹ den grandiosesten Ausdruck verliehen hat, in der Einleitung eines seiner früheren Prosastücke, des ›Verbrechers aus verlorener Ehre‹, in der sich die Grundbestimmung von ›Held‹ und ›Verbrecher‹ fast bis zur Deckung überschneidet. Sie sind die extremen Früchte aus dem gleichen Keim, und er selbst ist die Frucht aus

beiden. Denn der Außerordentliche tritt immer aus den Grenzen der Ordnung heraus – für die Gesellschaft ist aber ›der draußen‹ immer der Feind. Daher die tragische Spannung, die den Vorausschreitenden allezeit zum Verfemten macht.
Von seinem ersten Besuch in Jena schreibt er einmal an Körner, über den Philosophieprofessor Reinhold, einen Schwiegersohn Wielands, der ihn damals mit Kant vertraut machte, den aufschlußreichen Satz:
»Er wird sich nie zu *kühnen Tugenden oder Verbrechen,* – weder im Ideal noch in der Wirklichkeit, erheben – und das ist schlimm. Ich kann keines Menschen Freund sein, der nicht Fähigkeit zu einem dieser beiden oder zu beiden hat.«
Wird man dabei nicht an die berühmte Äußerung Goethes erinnert: es gäbe kein Verbrechen, das er nicht selbst unter bestimmten Umständen oder in einem bestimmten Stadium seines Lebens hätte begehen können? Für Goethe aber gehörte dieses Wissen, diese Erfahrung zur Integration der Menschnatur, er nahm sie gelassen hin, als ein Merkmal, eine Gehspur auf jenem faustischen Weg »vom Himmel durch die Welt zur Hölle«. GERETTET UND GERICHTET – ihm wird es *fast* das gleiche – nämlich die Heimkehr des Menschen ins Endgültige. Die aus unendlichen Gegensätzen gewirkte Natur umschlingt von Anfang bis Ende alle Erscheinungen mit ihrer nicht erkennbaren, nur erahnbaren Einheit und Harmonie. Hingabe und Einverständnis ist der Weisheit letzter Schluß. Schiller, der männlich Heroische, ringt mit den Gegensätzen in der Welt und im eignen Innern, so lang er atmet, er bleibt Empörer, so lang er denkt. Der ferne Beobachter weiß von der unendlichen Überwindung, ja Verklärung, zu der er im steten Kampf seines kurzen und ruhlosen, ewig gehetzten und geplagten Lebens die Widersprüche seiner Natur und die Sprenggewalt seines Geistes zu binden vermochte. Dem Zeitgenossen und Mitlebenden, sofern er nicht sein Bestes und Liebstes, die

Freundwilligkeit, das kindliche Vertrauen in ihm zu wekken verstand, mag's wie ein Schauer, ein Grauen vor diesem inneren Schlachtfeld angekommen sein, auf dem es immer um alles, Sieg oder Untergang, Himmel oder Hölle, ging. Von höllischer, diabolischer Art ist ohne Zweifel sein dramatisches Urtalent, sein theatralischer Wirkungsnerv, der ihn blind, doch zielgewiß, wie einen Bogenschützen der Zen-Lehre, immer ein fast erschrekkend sicheres Finale treffen läßt. Das kalte Hochtreiben der Konflikte bis zur äußersten Verstrickung, zur abgründigen Konsequenz aus menschlich begründeten Motiven, scheint manchmal geradezu ins Perverse, Widernatürliche gesteigert – und durch die Gewalt der Einordnung aller Verwicklung und Problematik unter eine hohe Gesamtidee, in eine Architektur des sittlichen Gedankens, gewinnen seine sprachmächtigen Gebilde erst recht ihren eisigen, gletscherhaften Glanz.

In jedem ausgesprochenen Dramatiker steckt ja ein Stück vom Teufel, nämlich der Drang, es dem Schöpfer gleichzutun, ein Wille zur Macht, zur Unterwerfung der Mitwelt unter seinen Bann, unter sein geistiges Diktat oder seine künstlerische Hypnose, und je mehr er sich moralistisch, lehrhaft, ideologisch, überpersönlich, doktrinär gebärdet, desto stärker ist dieser Teufel in ihm ausgeprägt. Schiller wollte seine ›Räuber‹, wie er sich ausdrückt: »nicht als theatralische Tragödie, sondern als dramatischen Roman« schreiben – man sieht, das ›epische Theater‹ ist gar nicht von heute –, aber aus jedem Szenenkern schoß ihm, wie dem Magier aus einer verhexten Bohne, sofort die ausgewachsene dramatische Situation in die Höhe. Auch daß er selbst nach der Uraufführung der ›Räuber‹ im ›Wirttembergischen Repertorium‹ eine anonyme Rezension über das Stück schrieb, die mit seinen Schwächen schärfer ins Zeug ging als jede andere zeitgenössische Kritik, es aber dennoch unter einen Lichtkegel gesteigerten Interesses stellte, war mehr als ein toller Literatenstreich, es hatte etwas von Weltverachtung und mannhafter Teufelei. Etwas Ähnliches mögen die Theaterleute in Mannheim, so bescheiden und fügsam er sich ihnen auch näherte, an dem jungen Mann gespürt und gerochen haben, und es erfüllte sie mit einer erschreckten und belästigten Ablehnung. Das trotzig Männliche, radikal Kämpferische seines Charakters ließ sich durch die natürliche Zurückhaltung und Schüchternheit des Neulings und Flüchtlings nicht camouflieren. »Ich bin ein Mann, das könnt Ihr schon an meiner Leier riechen!« Hatte er auch das Theater mit einem Dauererfolg, die Schauspieler mit glänzenden Rollen bedient, so roch man doch in ihm den ewigen Frondeur, der auf der Höhe seines Ruhms äußerte: »Das einzige Verhältnis zum Publikum, das einen nie reuen kann, ist der Krieg!« – und der viele Jahre später, 1797, an Goethe schrieb: »Bei meinen wenigen Erfahrungen ist mir klar geworden, daß man den Leuten, im ganzen genommen, durch die Poesie nicht wohl, hingegen recht übel machen kann ... Man muß sie inkommodieren, ihnen ihre Behaglichkeit verderben, sie in Unruhe und Erstaunen setzen. Eins von beiden, entweder als ein Genius oder als ein Gespenst, muß die Poesie ihnen gegenüber stehn.«

Vom ›Fiesco‹ erwartete er sich gewiß etwas anderes, er glaubte damit zum ersten Mal ein allen Anforderungen des Theaters gewachsenes Drama von bleibendem Wert geschaffen zu haben: »Meine Räuber mögen untergehn, mein Fiesco wird leben!«

Desto härter traf die Enttäuschung. Nach den ersten beiden Akten seiner Vorlesung im Haus des Mannheimer Regisseurs Meyer, die mit Schweigen und gelegentlichem Gähnen quittiert wurden, stürzten sich die anwesenden Schauspieler auf die herumgereichten Erfrischungen, begannen sich hemmungslos über ihren Tages- und Theaterklatsch zu unterhalten, ohne dem Stück und seinem verstörten Dichter auch nur ein Wort zu schenken, und veranstalteten sogar ein Gesellschaftsspiel, um sich ein wenig die Zeit zu vertreiben, dann gingen die meisten,

bevor die monströse Lesung ihnen eine weitere Geduldsprobe hätte auferlegen können. Nur Iffland blieb, wohl weniger aus Respekt, als weil er im Franz Moor doch eine unwiderstehlich gute Glanzrolle gehabt hatte und immerhin auch im Verrina etwas Spielbares witterte, aber auch der ging um acht. Nun scheint Schiller kein guter, sondern sogar ein miserabler Vorleser seiner eigenen Stücke gewesen zu sein, und als Schauspieler hatte er sich schon lächerlich gemacht, wie er sich noch auf der Karlsschule den Clavigo ausgesucht und in einer Seminaraufführung zuschanden getobt und geschrieen hatte. Dabei hatte er vermutlich bei jenem übertriebenen Pathos, der »hochtrabenden Deklamation«, die man ihm vorwarf, eine stilistische Absicht, eine formale Vorstellung, vielleicht ähnlich der des expressionistischen, betont antirealistischen Theaters. Unverzeihlich aber schien den Schauspielern, die durchweg aus der vorzüglichen Ekhofschen Schule kamen, sein nicht zu unterdrückender Schwabendialekt. Es gibt einen alten Schauspielerspruch: »Wenn man sächselt, wird man Komiker. Wenn man schwäbelt, geht man nicht zum Theater.« Unter diesem Verdikt hatte er auch in seiner späteren Mannheimer Theaterzeit zu leiden. Jetzt war seine Vorlesung ein so durchschlagender Mißerfolg, daß der wohlgesinnte Regisseur Meyer am nächsten Tag den Fluchtgefährten Andreas Streicher fragte, ob er auch ganz sicher sei, dies sei wirklich derselbe junge Mensch, der die großartigen ›Räuber‹ geschrieben habe. Man könne doch nicht glauben, daß er gleich darauf einen so unheilbaren Blödsinn verzapfe.
So schien es doppelt geraten, zunächst einmal nach Frankfurt zu verschwinden, nicht nur der drohenden Auslieferung wegen, die in Wirklichkeit keineswegs drohte: Carl Eugen, dem Schiller späterhin, anläßlich seines Todes, die Anerkennung des großen Zugs nicht versagen konnte, dachte gar nicht daran, den flüchtigen Dichter verfolgen zu lassen, er empfand seine Desertion

als Undank, den man mit Verachtung straft, und so etwas wie Sippenhaft gab es nicht bei ihm. –
Vergeblich wartete der entmutigte Autor dann in Frankfurt auf das höhere Urteil, die bessere Einsicht des Intendanten Dalberg, dem inzwischen das Manuskript vorlag, – oder wenigstens auf eine kleine Vorauszahlung, falls man Änderungen verlange: die Änderungen wurden verlangt, der ›Fiesco‹ in seiner jetzigen Form (die sich von der späteren, endgültigen, nicht wesentlich unterschied) als unbrauchbar und unannehmbar bezeichnet, gezahlt wurde nichts.
Ob er in diesen Tagen des vergeblichen Harrens und Hoffens wohl auch einmal, scheu und heimlich, durch den Hirschgraben ging, und zu dem stillen, vornehmen Bürgerhaus hinaufschaute, in dem der geboren war, den er noch nicht wagen durfte, als Antipoden oder gar Gleichrangigen anzuschaun? Die zehn Jahre Altersunterschied setzten ja zunächst zwischen Goethe und Schiller eine kaum überbrückbare Distanz, deren Bedeutung man leicht vergißt, wenn man sich nicht an die eigne Jugend, den ungeheuren Abstand zu den in der Zeit des anonymen Beginnens schon Namhaften, Gedruckten und Gespielten, Erfolgreichen und Anerkannten erinnert, auch wenn sie nur wenige Jahre älter waren, und wenige Jahre später vielleicht nur noch wie Maulwurfshügel statt Matterhörnern erschienen. In der Schulzeit hatten der ›Götz‹, der ›Werther‹, der ›Clavigo‹ ihn begeistert – und zu einer öffentlichen Prüfung und Besichtigung war einmal, zusammen mit dem Herzog Karl August, der große Mann als Gast des württembergischen Hofes in der Karlsschule aufgetaucht, von ferne brennenden Herzens angestaunt und bewundert. Jetzt mag sich bereits ein leiser Trotz, ein die Adhäsion verzögernder und dadurch steigender Widerstand geregt haben, verbunden mit der später erst laut gewordenen, niemals neidischen oder mißgünstigen, aber doch von einer schmeckbaren Bitterkeit durchtränkten Klage: daß jenem alles in die Wiege gelegt, von den

Feen und Göttern geschenkt worden sei, was er selbst sich so hart und mühsam, Schritt für Schritt und Stufe um Stufe, erzwingen und errackern müsse. (»Wie leicht wird sein Genie von seinem Schicksal getragen, und wie muß ich bis auf diese Minute noch kämpfen ...«)
Die Rückkehr nach Mannheim brachte keine Verbesserung seiner Lage. Der ›Fiesco‹ blieb auch in veränderter Fassung abgelehnt, Dalberg war nicht für ihn zu sprechen, seine Briefe ließ er durch einen Sekretär beantworten, und Ifflands Vorschlag, dem jungen Dichter durch eine kleine Ehrengabe, die auch nur ein besseres Trinkgeld gewesen wäre, wenigstens eine Ermutigung zukommen zu lassen, wurde verweigert. Der Buchhändler Schwan zahlte ihm zwar für den Druck des ›Fiesco‹ ein Honorar, doch das war schon vorher verpfändet. Nur die Aufopferung des treuen Andreas Streicher hielt ihn am Leben, seine Mannheimer Denkmalsgenossen hätten ihn still krepieren lassen. Nah genug kam es dazu: die billige Wirtschaft in Oggersheim war nicht mehr zu bezahlen, einige der geringen Habseligkeiten mußten verkauft werden, es ging ans Hungern, und das drückende Gefühl der Beschämung, des Versagens nach dem ungeheuren Aufschwung der Flucht, der unbezahlten Schulden in der Heimat, der Aussichtslosigkeit seiner gegenwärtigen Lage stürzte ihn in immer tiefere Depression und Verzweiflung. –
Nur zögernd, und aus ärgster Bedrängnis, nahm er schließlich die Hilfe der hochherzigen Freifrau von Wolzogen an, die ihm auf ihrem Gut in Thüringen eine vor äußerer Lebensnot gesicherte Zuflucht bot.
Es gibt aus dieser Zeit in Bauerbach bei Meiningen, wo er wieder – mit Rücksicht auf seine dem schwäbischen Hof verpflichtete Gastgeberin – als Dr. Ritter auftrat, besonders aus dem Frühling, in dem er an der ›Luise Millerin‹ arbeitete, ein paar Briefstellen von echter, jugendlicher Heiterkeit und Lebenslust – obwohl er dort so gut wie vereinsamt, alle ›Friktion‹, wie er es nannte, entbehrend, anderthalb Jahre seiner besten Jugend als unfreiwilliger

Eremit verbrachte. Doch ist auch diese gelinde Hoffnungsfreude von Schatten umflort – in einer völlig unromantischen, nicht schwelgerischen, eher stoischen Weise von Todesgefühl durchschauert, das ihn nie ganz froh werden ließ. »Ich habe die Funken gesehen«, schreibt der sonst eher trockene Bibliothekar Reinwald, damals sein einziger Umgang, »die diese vom Schicksal umdüsterten Augen sprühn, und den reichen Geist erkannt, den sie ahnen lassen ...«

Auch plagte ihn wohl das Heimweh – denn, so schrieb er noch ein Jahrzehnt später, als er schon längst in Jena angesiedelt war: »Thüringen ist nicht das Land, wo man Schwaben vergessen kann.«

Nach Schwaben sollte er lange nicht zurück kommen, wohl aber nach Mannheim, das in seinem Leben, obgleich es die ›Räuber‹ ans Licht gehoben hatte, eine unselige Rolle spielte. Dalberg hatte inzwischen eine schlechte Saison gehabt, es gab (wie das öfters vorkommt) keine Stücke, keine jungen Autoren, oder sie lieferten nichts Gescheites, und so mußte man doch wieder auf diesen unbequemen Schiller zurückgreifen, den man eigentlich schon, als den Verfasser eines allzu genialischen Erstlings, darin er all sein Pulver verschossen habe und dem bestimmt nichts Besseres folgen werde, abgeschrieben hatte. Jedoch war das Gerücht durchgedrungen, daß andere Bühnen sich für sein neustes ›bürgerliches Trauerspiel‹ interessierten, und so entschloß man sich, in den saueren Fiesco zu beißen und den Dichter der ›Räuber‹ – da halt kein anderer da war – vertraglich anzustellen. Dieser Vertrag ist ein Erzstück schandbarer und skrupelloser Ausnutzung, er verpflichtete ihn, innerhalb *eines* Jahres *drei* neue, spielfertig eingerichtete Stücke abzuliefern, und, soweit es dem Theater nötig schien, umzuändern, auf Verlangen auch die Bearbeitung und Einrichtung anderer Stücke zu übernehmen, das Ganze für eine Gesamtbezahlung, wie sie heute etwa einem durchschnittlichen Dramaturgengehalt entspricht, und – im Erfolgsfall – von jedem Stück den Ertrag *einer* Benefizaufführung. Man erinnere nicht an Lope de Vega, der seiner Theaterkompanie allerdings in einer Saison manchmal das Zehnfache an Stücken geliefert hat, doch das war leichte, verspielte, improvisatorische Abwandlung vorhandener Themen, Stoffe, Vorlagen, Klischees, von einem genialen Kopf als Feuerwerk verpulvert, während hier das ernste, große, bedeutende, sprach- und formschöpferische Streben eines Dichters zur Akkordarbeit erniedrigt wurde. Daß Schiller dies annahm, beweist, mit welcher verzehrenden Leidenschaft er aus der Vereinsamung heraus und nach der ›Friktion‹, der unmittelbaren Berührung mit dem Metier verlangte. So stürzte er sich denn, mit der Not jener Hirsche, die Carl Eugen bei seiner Hofjagd ins aufspritzende Wasser jagen ließ, in die Welt des Theaters, und sie tat ihm auch nicht viel besser als den Hirschen der See, in dem man sie »nach Bequemlichkeit abschießen konnte«.

›Abschießen‹ ist ein Wort, das man in der heutigen Umgangssprache, etwa in der Politik, in der Sphäre von Korruptionsprozessen und Presseskandalen, auch in der Welt von Theater, Film und Funk anwendet, wenn jemand kaltgestellt, unmöglich gemacht, erledigt werden soll. Genau das ist dem jungen Schiller, am Ende dieses Jahres, das für ihn ein müh- und plagenreiches war, passiert. Der ›Fiesco‹ fiel durch – Schiller machte dafür die politische Schlafmützigkeit der Bevölkerung haftbar. »In den Adern der Pfälzer«, schreibt er, »fließt kein römisches Blut!« Dies dürfte eine Selbsttäuschung gewesen sein – nicht nur, weil grade hier, wie überhaupt am Mittelrhein, die Römer ganz tüchtig eingesät hatten – im Jahre 48 sah man das Republikanerblut kaum in einer anderen deutschen Landschaft so heftig auf- und überkochen ... Den ›Fiesco‹ hätte man wohl anderwärts ebenso kühl aufgenommen, vermutlich war auch die von ihm selbst inszenierte Aufführung nicht gut. Schiller konnte, in dieser Zeit wenigstens, kaum die innere Kühle und Distanz zu seinem eignen Werk aufbringen, um es persönlich auf der Bühne zu rea-

lisieren. Nun trägt aber der ›Fiesco‹, so scheint es mir, überhaupt den Fluch eines ›zweiten Stückes‹, mit dem allzu absichtsvoll das erste übertrumpft werden, in dem, statt des ›dramatischen Romans‹, alle theatralischen Minen zugleich springen sollen, bis zu den Auftritten der heldischen Hosenweiber in der Mord- und Umsturznacht. Noch ein anderer, verhängnisvollerer Fluch ist in das Stück mit eingewebt, der wieder im tiefsten Grund mit Schillers seltsamer Wesensspaltung zu tun hatte, – ich denke an die berühmte Szene des Fiesco mit dem Maler Romano, an seine niederschmetternde Verdonnerung des Künstlers und damit der Kunst: »Du prahlst mit Poetenhitze, der Phantasie marklosem Marionettenspiel, ohne Herz, ohne tatenerwärmende Kraft, – stürzest Tyrannen auf Leinwand, – bist selbst ein elender Sklave! Machst Republiken mit einem Pinsel frei, – kannst deine eigene Ketten nicht brechen! Geh! Deine Arbeit ist Gaukelwerk! – der *Schein weiche der Tat! Ich habe getan, was Du nur maltest!«*
Wütet hier nicht der Poet, der Künstler Schiller gegen sich selbst? Gewiß – das liegt noch ganz nah beim »tintenklecksenden Säculum«, der Sehnsucht des plutarchlesenden Jünglings nach großer Tat, großer Vollbringung in der Wirklichkeit des Lebens – doch deutet die Leidenschaftlichkeit dieser verächtlichen Tiraden auf die tiefe Problematik des gesamten Phänomens Schiller und der Schillerschen Dichtung hin. Er selbst ist in seiner Anlage mehr Täter als Bildner, und so will sich ihm auch der Weg zur Schönheit, zur Ästhetik, nicht einfach durch Hingebung und Selbstverständnis eröffnen, er muß ihn sich mit angestrengter Gedankenarbeit erkämpfen. Aus solch hartem Stoff, aus solcher ganz männlichen, nichts-als-virilen Substanz, die Ethos zeitigt statt Religion, Überzeugung statt Glauben, Charakter statt Liebe, ist fast nie Kunst geworden – *bei ihm aber doch,* und das ist das Wunderbare, denn es geschah durch eine glühende, mehr als zielstrebige Willenskraft, mit der er immer wieder den Geist zum Urgrund der schöpferischen Einbildung zurückzwang.

Echte Kunst, wenn auch durchaus ›engagierte‹, erfüllt und kennzeichnet sein drittes Stück ›Luise Millerin‹ – ich ziehe diesen Titel immer noch dem von Iffland erdachten, zeitgetönten ›Kabale und Liebe‹ vor –, das denn auch, als zweites in diesem Winter, in Frankfurt und Mannheim mit großem Erfolg über die Szene ging. Wenn es auch Lessing war, der den Typus des ›bürgerlichen Trauerspiels‹ in der deutschen Literatur begründet hat, so hat doch die ›Millerin‹ erst seine ganze, elementare Lebendigkeit geweckt und weitergewirkt durch die dramatische Dichtung bis auf den heutigen Tag: ohne dieses Werk sind Hebbel, Hauptmann, Schnitzler nicht zu denken, und – fern vom Extremismus der ›Räuber‹ – steht hier zum ersten Mal ›Volk‹ auf der Bühne, auch in der derben Gewalt, der oft lutherischen Bildhaftigkeit und Anschauungskraft seiner Sprache – ich denke nicht nur an die unvergängliche Erzählung des Kammerdieners, Prachtstück für alle großen Schauspieler, solange es ein Theater gibt – ich denke noch mehr an den alten Miller, an dem nichts Genrehaftes ist, doch die volle Plastik unverhehlter Natur: »Willst du dein Maul halten? willst das Violoncello am Hirnkasten wissen?« Auch steht hier, zum ersten Mal in Schillers Theater, eine Frau auf der Bühne, mit Zügen weiblicher Natur und Empfindens – die ›Amalie‹ der ›Räuber‹ bleibt doch stets Figurine, und die Frauen im ›Fiesco‹ sind aus Kunststoff gemacht –, hier wird das frauliche Schicksal zum Thema, zur Melodie, und versöhnt mit der Überkonstruiertheit der Intrige.
Aber auch dieser Erfolg vermochte seine innere und äußere Lage nicht wirklich zu verbessern und aufzuhellen. Das Mannheimer Jahr hatte für ihn mit einer schweren Infektionskrankheit begonnen, der er fast erlegen wäre, diesmal hieß sie die ›gallichte Seuche‹ oder das ›kalte Fieber‹, wohl eine Art von Malaria, die zu bösartigen Rückfällen führte, und es ist möglich, daß ihm dieser Winter, wie er selbst glaubte, »auf zeitlebens einen Stoß versetzt hat«. Die Geldnot dauerte an, ja sie verschlimmerte sich, und

immer gab es Ärger mit den Schauspielern, mit denen er gar nicht zurechtkommen konnte und die ihrerseits fanden, daß der »junge Mann nichts vom Theater verstehe« – ja sie scheinen eine Aufführung von ›Kabale‹ in Mannheim mit Absicht verhunzt zu haben, um ihm zu demonstrieren, wie man *nicht* sprechen und *nicht* spielen solle und ihn so ad absurdum zu führen – so daß er dann zeitlebens dem »Theatervolk«, wie er sich ausdrückte, abhold war und noch nach Jahren an Goethe schrieb, die einzige Form des Umgangs mit ihnen sei »der kurze Imperativ«. Nun – wer Schauspieler kennt, weiß, daß es wohl nicht ganz die einzige und richtige ist. Wer sich unter sie wagt, wer ihrer wesensbedingten Labilität gerecht oder gar ihrer Herr werden will, muß etwas vom Dompteur haben, der aber nur reüssiert, wenn er außer der Geduld und der Liebe zu ihnen auch selbst etwas von der Natur seiner Raubtiere in sich weiß. Davon, von der labilen Natur und vom rezeptiven Wesen der Schauspieler, hatte Schiller, dessen Theatersinn in Deutschland ohne Beispiel ist, wenig oder nichts. Er, der innerlich Flackernde, physisch von frühauf zu Krankheit oder Kränklichkeit Disponierte, wollte alles mit der Gewalt und der rücksichtslosen Strenge des Geistes schaffen, sich selbst und anderen gegenüber. Die Mißverständnisse, Zerwürfnisse, kleineren und größeren Schikanen hörten nie auf, und schließlich spielte man sogar eine parodistische Komödie, in welcher der stadtbekannte junge Theaterdichter zum Gaudi des Publikums auf recht infame Weise lächerlich gemacht wurde und in der der – inzwischen selbst als dramatischer Konkurrent mit bedeutend erfolg- und ertragreicheren Gebrauchsstücken hervorgetretene – gleichaltrige Iffland sich nicht entblödete, ihn auf der Bühne zu karikieren. Schiller hat's ihm nicht nachgetragen, als er ihn zwanzig Jahre später, als Chef des Berliner Hoftheaters, wieder traf: schließlich war er sein erster, und wohl für immer bester, Franz Moor gewesen – und überhaupt gab es in Schillers Wesen, so furios und wütig er für den Augenblick über Unrecht oder Dummheit werden konnte, nichts Nachträgerisches, Inferiores, Kleinliches. Er konnte hart sein in seinem Urteil, doch blieb er immer großzügig, überlegen und generös. Er war eben, sagt Goethe einmal in einer Rückerinnerung, »ein wahrer Aristokrat, viel mehr als ich es bin«. Bei dem Edelmann Dalberg half ihm das wenig. Schiller hatte sich, wie man das gerne nennt, beim Theater ›nicht durchgesetzt‹, und sein Vertrag wurde – wegen Nichtablieferung des dritten Stücks, nämlich des ›Don Carlos‹, an dem er fieberhaft arbeitete – brutal gelöst, während der Dichter an einem Rückfall seiner Krankheit hilflos niederlag. Hätte ich in meiner Heidelberger Studentenzeit gewußt, wie Dalberg und Iffland sich gegen Schiller benommen hatten, ich wäre nach Mannheim hinüber gefahren und hätte sie mit Hilfe von ein paar handfesten Kameraden von ihrem Denkmalssokkel gestürzt, oder wenigstens mit Teer bestrichen. Nun war Schiller bestimmt nicht das, was man beim Theater ein ›bequemes und angenehmes Mitglied‹ nennt, wie sollte er das auch sein, er hatte ja eigne Ideen in seinem Kopf. Aber auch mit seinem Vorschlag der Herausgabe einer ›Mannheimer Dramaturgie‹ und mit seinen theoretischen Versuchen, die er zwischendurch für die ›Rheinische Thalia‹ schrieb, kam er nicht weiter. Seine alten Schulden in Stuttgart waren noch immer nicht bezahlt, so daß er nun auch dort und bei seiner Familie, wenigstens beim Vater, als gestrandete und gescheiterte Existenz galt, was ihn tief bekümmerte. »Wenn man die Menschen braucht«, hatte er schon früher an seinen alten Freund Streicher geschrieben, »so muß man ein Hundsfott werden, oder sich ihnen unentbehrlich machen. Eins von beiden, oder man sinkt unter.«

Doch fand er immer wieder in seinem Leben, so sehr er unter Härte und Unverstand zu leiden hatte, freundwillige und herzenswarme Menschen, die ihn vorm Schlimmsten, vor allem vor Verbitterung bewahrten und denen er dann in kindlicher Dankbarkeit anhing. So lobe ich mir den trefflichen Maurermeister (in anderen Zeitberichten wird er als Baumeister bezeichnet) Anton Hölzel, seinen Mannheimer Zimmerwirt, der ihm im Augenblick der äußersten materiellen Not das Geld lieh, um einen Skandal zu vermeiden. Ein solcher Mann wiegt ein paar hundert Dalbergs auf. Auch sei der Buchhändler und Verleger Schwan nicht vergessen, der schon den ›Räubern‹ den Weg geebnet hatte und ihm jetzt in seinem Heim eine Art von Familienzuflucht bot. Wenn man sich aber das Porträt seiner Tochter, der Margaretha Schwan, anschaut, ihr etwas dünnlippig kokettes Mündchen und den Haaransatz über der gefährlich willensstarken Stirn, so freut man sich, daß Schiller sie nicht gekriegt hat, obwohl er sich mehrmals um sie bewarb. Es waren nun auch seine Verliebtheiten und Bewerbungen in dieser Zeit seines Lebens nicht allzu ernst zu nehmen, auch nicht die vorhergegangene um die achtzehnjährige Tochter der Frau von Wolzogen, trotz der überschwenglichen Briefworte, zu denen sie ihn verführten: es hatte dies alles etwas von einem abstrakten Feuer, von einem Gefühl um des Gefühls, nicht um der Person willen, einer Entzündlichkeit der Seele und des Begehrens ohne irdisches, leibhaftiges Gewicht. Es ist anzunehmen, daß er bis dahin noch gar keine wirkliche Erfahrung und Berührung mit Frauen hatte, höchstens ganz flüchtiger oder schwärmerischer Natur, und daß die Beziehung zu Charlotte von Kalb, die er in dieser Zeit kennenlernte, seine erste wahrhafte Liebesbegegnung war. Die füllige Sinneskraft in den Zügen ihres Bildes, in dem die Augen in einer schönen, bewegten, aber vielleicht auch manischen Seelenglut erstrahlen, läßt auf ein Verhältnis von großer, erregender Intensität, doch ebenso von belastender Exaltiertheit schließen, und es war wohl auch durch äußere Umstände so bestimmt: als sie sich trafen, war sie in Hoffnung, trug ein Kind von einem ungeliebten Gatten, und er hätte schon aus gesellschaftlichen und materiellen Gründen nicht ihr Mann sein können, der sie führt und beschützt. Statt dessen war er ihr Schützling, und so sehr sie sein Genie bewundert, ja vergöttert haben muß, war doch sie, obwohl zwei Jahre jünger, in der Lebensstufung die Reifere, die Führende, die Beherrschende, so daß sie ihn später gewissermaßen als ihren Besitz ansah. Schiller war aber nun, bei allem Bedürfnis nach Anlehnung, Vertrauen und Zärtlichkeit, nicht der Mann, der einer Frau gern etwas verdankte, und er verdankte ihr viel – sogar bis zur Anleitung und Abrichtung in äußeren Formen und im sprachlichen Vortrag seiner Werke. Er verdankte ihr auch die erste Begegnung mit dem Herzog Karl August von Weimar, dem er, durch ihre Vermittlung, am Darmstädter Hof aus dem ›Don Carlos‹ vorlesen konnte, er verdankte ihr dadurch seine Ernennung zum Weimarischen Rat, einem unbezahlten Titel, der an sich wenig besagte, ihm aber in den Augen seiner Umwelt, auch seiner Familie daheim, mehr Respekt eintrug als der Erfolg der ›Luise Millerin‹ ... So ist es leicht zu verstehen, wenn er in dem berühmten Brief an den ihm noch unbekannten Christian Gottfried Körner, im Februar 1785, schreibt: »Ich kann nicht mehr hierbleiben ... Menschen, Verhältnisse, Erdreich und Himmel sind mir zuwider. Ich habe keine Seele hier, keine einzige, die die Leere meines Herzens füllte, keine Freundin, keinen Freund; und was mir *vielleicht* noch theuer sein könnte, davon scheiden mich Convenienz und Situation ...«

Was damals geschehen war, ist bekannt, es läßt sich in ein paar Worte zusammenfassen, und doch ist es in Schillers Dasein, seit der Zeit des stürmischen Austauschs mit den Jugendgefährten, seit dem Freiheits- und Hoffnungstaumel der Flucht das bedeutsamste und großartigste Ereignis, durch das ihm wahrhaftig das Tor ins Leben aufgeschlossen wurde – denn Leben, das ist für ihn: das Werk, und die Freundschaft. Das Werk als Ausdruck seiner selbst – die Freundschaft als Antwort von außen, Signal des Verstandenseins, der Sympathie und der Freude.

Das Ereignis selbst klingt in der Zeit des ›fan-mail‹, des hemmungslosen Briefschreibens an öffentlich bekannte

Leute, der Autogramm- und Bilderjagd nach gar nichts: aus Leipzig trifft ein kleines Päckchen ein, es enthält eine gestickte Brieftasche, die gezeichneten Porträts der Absender, und ein kurzes, durch seine Knappheit und Zurückhaltung besonders vornehm und ehrfurchtsvoll wirkendes Schreiben, das von vier jungen Leuten stammt: zwei Schwestern und ihren Verlobten. Für Schiller in seiner damaligen Verfassung war dieser bescheidene Dank von unbekannten Menschen wie ein Leuchtfeuer, das einem Schiffbrüchigen in der Nacht, wenn ihn die Kräfte schon verlassen, den Weg zur Rettung weist. Den einzigen. Denn er hat alle Hoffnung begraben. Und es erscheint ihm erst wie ein fernes, kaum erkennbares Flämmchen, das aufblinkt, wieder erlischt, wieder aufleuchtet, er wagt es lange nicht zu glauben. Monate braucht's, bis er den Aufschwung zu einer Antwort findet. Dann trägt ihn die Flut zur Küste.

»Ich traue auf diese sonderbare Ahnung, so wenig ich sonst auf Visionen halte. Etwas Freudiges wartet auf mich ... Es braucht nichts als eine solche Revolution meines Schicksals, daß ich ein ganz anderer Mensch – daß ich *anfange,* Dichter zu werden.«

Die Ahnung trügt ihn nicht, wenn auch das Schicksal noch andere – dunklere und lichtere – Revolutionen für ihn im Schoß hat, um ihn zu *dem* Dichter zu machen, den wir verehren. Diese Wendung aber, die Reise nach Leipzig, fast könnte man sagen: seine zweite Flucht, lang, beschwerlich, durch »Morast, Schnee und Gewässer«, ist der entscheidende Schritt. In Körner trifft er den Mann, der ihm gewachsen ist und den er braucht, der ihm nicht nur Herzenswärme und Hilfsbereitschaft bietet, auch innere Ordnung, Klarsicht, wägende Vernunft, unbestechliches Urteil und lebenslängliche Treue. Sein Bild zeigt ein prachtvolles Männergesicht, dessen Ausdruck genau den Worten entspricht, in die ihn Schiller geprägt hat: »In seinem ganzen Wesen ist eine schöne Mischung von Feuer und Kälte.«

Noch im gleichen Jahr dichtet er das chorische Lied ›An die Freude‹, dessen Verklärung durch Beethovens ›Neunte‹ er nicht mehr erlebte – er selbst hat es später als schwülstig und phrasenhaft verworfen –, doch kündet es von dem quellenden Jubel seines Herzens über den endlich vollzogenen Anschluß an *Menschen,* an gleichwertige, großdenkende, ihm voll erschlossene und – im Wortsinn – maßgebende Personen.

Die Freude, das ist für ihn ein Zustand hoher seelischer Entzückung – die Hochzeit von Geist und Empfindung, von Fühlen und Denken, das Bewußtsein des völligen Einklangs mit sich selbst und mit der Welt. Auch mit Gott? Er bleibt, in Schillers Werk und Leben, von einer seltsam vagen Unfaßbarkeit. Vielleicht weil er ihn nicht durch das Medium eines bestimmten, geprägten Glaubens oder Bekenntnisses, durch den Spiegel einer überlieferten Offenbarung und Lehre anschauen kann, aber auch nicht, wie Goethe, durch den Spiegel der Allnatur. In seinem Jugendwerk gibt es keine Gretchenfrage, und keine pantheistische Antwort – ihm ist Gefühl nicht alles, er möchte Ihn nennen, doch sein Name ist ihm verhüllt. Befremdlich mutet es an, wenn in einem kleinen Gedicht aus dem ›Almanach auf das Jahr 1782‹, das mit X gezeichnet, aber vermutlich von ihm selbst ist und den Titel trägt: ›An Gott‹, dieser, in fünf Strophen wiederholt, als »Du großes Ding!« angerufen wird. »Wer bist Du, großes Ding?« Es ist eine mystische Frage, nur im Symbol zu lösen. Doch Schiller ist ein Kind des achtzehnten Jahrhunderts, der Aufklärung, des klassischen Rationalismus, er ist ein Enkel der Humanisten – die disputatio, das Streitgespräch ist die Wurzel seiner Dramatik, die Antithese seine geistige Ausdrucksform, geprägt von Voltaire, auch wenn er das später, als die Kantsche Philosophie ihm neue Horizonte erschließt, nicht mehr wahrhaben will. Er denkt französisch und empfindet deutsch, so dichtet er weltbürgerlich, denn er fühlt sich, dies seine eignen Worte, als ›Zeitgenossen aller Zeiten‹, sein Haus ist die bewohnte Erde, und sein Himmel ist griechisch, nicht christlich. Das Christentum beider Konfessionen ist und bleibt für ihn eine Institution, keine Offenbarung, sein Wort ist ihm nicht der Weg und das Leben, vermutlich hält er seinen Wahrheitsquell für versiegt, durch langen Staats- und Machtgebrauch versandet. Der Katholizismus ist ihm von früh-auf suspekt, gewiß schon dadurch, daß der Herzog Carl Eugen und sein barock-pompöser Hof, im Gegensatz zum protestantisch-pietistischen Schwabenvolk, katholisch waren, er erkennt nicht seine zeitüberdauernde Heilkraft und menschliche Weisheit, er sieht den Papst immer noch mit den Augen des Reformators, und Mortimers hinreißende Schilderung seines ›Wegs nach Rom‹, in der Maria Stuart, ist für Schiller doch ein Weg in die Sinnesvernebelung, Geistberauschung, schwül-verderbliche Ekstase. Aber auch der protestantische Pietismus, wie er ihm in der verehrten Gestalt des Pfarrers Moser entgegentrat, war für ihn mehr eine Haltung als eine Religion, die Haltung geistiger und sittlicher Sauberkeit, humaner Herzensbereitschaft, sogar musisch gestimmt, voller Menschenliebe, doch ganz ohne Transzendenz, und sein jugendlicher Wunsch, Theologe zu werden – auch das ›Pfarrerspielen‹, von dem die Schwester berichtet –, hat wohl mehr mit einer pädagogischen Leidenschaft zu tun als mit einer metaphysischen, die erst später und anders in ihm erwachte. In einem Distichon, unter den als ›Votivtafeln‹ zusammengefaßten des Jahres 1796, heißt es unter der Überschrift: ›Mein Glaube‹:

> Welche Religion ich bekenne? Keine von allen,
> Die du mir nennst. – Und warum keine? –
> Aus Religion.

Es ist dies die Religiosität der ›Elite‹, einer geistigen Oberschicht, sie ist nicht ›fürs Volk‹, sie ist synthetisch erdacht, weder erlebt noch gewachsen. Metaphysisches Erleben drückt sich bei ihm auf der poetischen Ebene nur mythologisch aus, so in dem Sehnsuchtsruf nach den ›Göttern Griechenlands‹, der Klage um eine verlorene Unschuld, eine Welt, in der Leben und Heiligung des Lebens, Natur und Beseelung noch das gleiche ist, und er stellt sie bewußt in Gegensatz zum Christengott, von dem es heißt:

> *Einen* zu bereichern unter allen,
> Mußte diese Götterwelt vergehn ...

Dieser Eine, der jüdisch-christliche, der die Menschen aus dem Paradies vertrieben hat, steht seiner idealisierten Götterwelt als eine schreckhafte, lebensfeindliche Macht, fast als ein Dämon, gegenüber, dessen Tod kein Engel ist und keine Gnade hat:

> Damals trat kein gräßliches Gerippe
> Vor das Bett des Sterbenden. Ein Kuß
> Nahm das letzte Leben von der Lippe.
> Seine Fackel senkt ein Genius ...

In seiner männlich-heroischen Welt, in der das Ideale untergehen muß, um »unsterblich im Gesang zu leben«, ist kein Raum für das Bild des Kindleins auf dem Schoß der jungfräulichen Mutter, das jeder einzelnen Seele Unsterblichkeit verheißt, auch nicht für den Trost und die milde Segnung der Sakramente. Ohne Trost, mit den steinernen Augen einer tiefen, erhabenen Traurigkeit, dennoch von der Tragik des Vergänglichen überwältigt, sieht er die Götterwelt in der ›Nänie‹:

> Siehe, da weinen die Götter,
> es weinen die Göttinnen alle,
> Daß das Schöne vergeht,
> daß das Vollkommene stirbt.

Und doch hat gerade er, wie Rudolf Borchardt es sagte, »der Welt ein Verhältnis zum Unsterblichen gegeben, das sie seitdem nicht verlieren kann. Die Welt ist schwer. Er hat gelehrt, wie man des Schweren Herr wird.«
In diesem ersten Leipziger Jahr begann er selbst es zu lernen. Noch keine sechs Monate ist es her, daß der Fünfundzwanzigjährige, nicht in furchtloser Verzweiflung, sondern in stolzer Hoffnungslosigkeit, das große Gedicht ›Resignation‹ geschrieben hat, in dem es heißt:

Da steh ich schon auf deiner finstern Brücke,
Furchtbare Ewigkeit!
Empfange meinen Vollmachtbrief zum Glücke,
Ich bring ihn unerbrochen dir zurücke.
Ich weiß nichts von Glückseligkeit!

Jetzt aber findet er, in kindlicher Herzenseinfalt, das wahrhaft fromme Wort, das für mich das schönste im ganzen Gesang ›An die Freude‹ ist:

Brüder – überm Sternenzelt
Muß ein lieber Vater wohnen.

Es ist der rührende und ergriffene Dank des Einsamen, dem sich die Bruderhand geboten hat. Von dieser Stimmung ist nun sein Leben getönt, und während sich in seiner Arbeitskammer, in seinem geistigen Stadion harte Kämpfe abspielen und eine ernste, strenge Entwicklung ankündigt, schenkt ihm der lebendige Tag leichteren Atem, Frohsinn und Heiterkeit, Spaß und Übermut, vor allem, wie er der Schwester schreibt: »Mut für die Zukunft«.
In Leipzig lernt er zum ersten Mal einen Ort kennen, der nicht nur höfisches oder bürgerlisches Leben, sondern eine Art von großstädtischem Klima hatte, es gab da Verkehr, Lärm, ausländische Besucher, Kaffeehäuser, Literaten, Künstler, Kritiker, Schwätzer, Schwadroneure,

Glücksritter, Narren, Weiber – und über allem und immer wieder: die Freunde. Natürlich gab es dort auch ein Theater, aber das wurde von den Stücken eines Dichters namens Christian Friedrich Weiße beherrscht – eine Träne dem armen Literarhistoriker, der sie lesen muß –, und Schiller drängte sich nicht dorthin, vom ›Theatervolk‹ hatte er vorläufig genug. Nicht vom Drama. Aber dem versucht er jetzt sich auf einer anderen Ebene zu nähern. Es genügt ihm nicht mehr, es wie wild gehacktes Holz, im Urwald seiner Phantasie aufgeklaubtes Reisig an der Genieflamme, im offenen Feuer der Bühne zu verheizen. Von der explosiven Dynamik der Jugendstücke drängt er zur großen Form, die er im ›Don Carlos‹ zum ersten Mal erreicht. Noch bleibt die Handlung, die Thematik, bleiben die Gestalten leidenschaftlich bewegt, von Emotion und Gedankenfeuer zu heftigen Umschwüngen getrieben, noch hat er nicht die verhaltene, gelassene Baukraft erreicht, mit der sich die Wallenstein-Tragödie entfaltet. Doch schon in der sprachlichen Form, der Bemeisterung des Jambus, zeigt sich der Wille zur poetischen Zucht, und der tragische Charakter Philipps überragt alles bisher von ihm Geschaffene. Er wendet mehr Zeit und Mühe an dieses Stück als an irgendeine frühere Arbeit. Ob er weiß, ob er eine Ahnung hat, daß es für mehr als ein Jahrzehnt sein letztes sein wird? Nie hört er auf, auch nicht in diesen langen Jahren des ›heroischen Entsagens‹, des Verzichts auf die Dichtung, der Konzentration auf strengste geistige Disziplin, sich mit dem Gedanken ans Drama, ans Theater zu beschäftigen. So findet sich aus einer Zeit, in der ihn die Berührung mit Kants ›Kritik der ästhetischen Urteilskraft‹ schon in die Ausführung einer eigenen Ästhetik verstrickte, in einer Schrift des Jahres 1793, ein höchst aufschlußreicher Nebensatz: »Die Gartenkunst und die dramatische Dichtung haben in neueren Zeiten ziemlich dasselbe Schicksal, und zwar bei denselben Nationen gehabt. Dieselbe Tyrannei der Regel in den französischen Gärten und den französischen Tragödien; dieselbe bunte und wilde Regellosigkeit in den Parks der Engländer und in ihrem Shakespeare; und so wie der deutsche Geschmack von jeher das Gesetz von den Ausländern empfangen, so mußte er auch in diesem Stück zwischen jenen beiden Extremen hin- und herschwanken.« Er selbst kam vom Sturm und Drang, also von Shakespeare, und hat sich in der letzten Mannheimer Zeit intensiv mit dem klassizistischen Drama der Franzosen befaßt. Hin- und herschwanken will er nicht mehr. Er wird sich eine wahre Herkulesaufgabe stellen, und nicht ruhen, bis er durch einen Akt beispielloser Selbsterziehung die innere Festigkeit erreicht hat, das geistige Fundament, um über beiden Extremen eine neue, klassische Gestalt des deutschen Dramas und des Welttheaters zu errichten.

Jetzt, in einer Übergangszeit, kommt es zwischendurch, wenn die Arbeit am ›Don Carlos‹ zähflüssig wird, und wohl auch aus Erwerbsgründen, zu Werken epischer Prosa, unter denen die Brillianz des ›Geistersehers‹ geradezu frappiert: in dieser, durch die Erscheinung Cagliostros angeregten Erzählung werden Elemente und Züge der ihm sonst so wesensfremden Romantik, E. Th. A. Hoffmanns, ja Balzacscher Fabulierkunst vorweggenommen und mit einer Sicherheit des Tonfalls vorgetragen, wie sie nur den großen Erzählern eigen ist. Wie sehr er das war, und wie sehr ihn dabei sein eingeborener Sinn für die dramatische Zuspitzung, Steigerung und Präzision unterstützte, beweisen seine späteren historischen Prosawerke, vom ›Abfall der Niederlande‹ bis zur ›Geschichte des Dreißigjährigen Kriegs‹, die man heute noch, nur um ihrer Erzählkunst willen, in einem Zug und mit nie ablassender Spannung durchlesen kann. Leider hat Schiller selbst den ›Geisterseher‹ mit einer ganz ungerechten Geringschätzung behandelt, vermutlich fühlte er sich durch seine allzu leichte Gängigkeit, durch seinen Erfolg bei den minderen Schichten des Lesepublikums degradiert, er bezeichnete die Arbeit daran als »sündhafte Zeitverschwendung«, ja »Schmiererei« und ließ sie liegen, dabei hätten wir wohl heute mehr Vergnügen, den ›Geisterseher‹ zu Ende lesen zu können, als an der Lektüre der ›Philosophischen Briefe‹, die in derselben Zeit entstanden sind ... Leben konnte er weder vom einen noch vom anderen, obwohl Körner ihn in Geschäftsverbindung mit dem Verleger Göschen gebracht hatte, der jetzt auch seine Zeitschrift ›Thalia‹ herausgab, doch die unendlich noble, taktvolle, kameradschaftlich-unbelastende Art, mit der Körner ihm die drückendsten Existenzsorgen abnahm, ließ ihn eine Zeitlang beinah glücklich sein. Im Sommerkurort Gohlis bei Leipzig, im Gartenhäuschen von Körners Weinberg zu Dresden-Loschwitz – was für ein sächsischer Wein mag dort wohl gewachsen sein? – spielte sich diese unbeschwerte Phase peripathetischer Geselligkeit, sogar vorübergehender Geborgenheit für ihn ab, die natürlich ihr Ende in sich selbst trug.

Aber von jetzt ab kommt es in Schillers Leben trotz aller Wechselfälle – Berufswechsel, Ortswechsel, Eheschließung, Krankheiten, Geburten, Verlusten – fast nicht mehr auf die äußeren Ereignisse an – wie etwa die hektische kleine Liebesgeschichte mit einem Fräulein von Arnim oder die daraus erwachsene neue Geldverschuldung –, sondern nur noch auf die innere Entwicklung, das bewußte Hämmern und Schmieden der Persönlichkeit, jenen Weg der Willenskraft über alle Schwächen und Mißgeschicke hinweg, der ihn in hartem Anstieg zur Krönung seines Daseins und Schaffens, der Kommunikation mit Goethe, durch diese zur Erfüllung seines Werks, und mit ihr in den Tod eilen ließ.

»Das Knabenjahr unseres Geistes wird jetzo aus sein« ... »Enthousiasmus und Ideale sind unglaublich tief in meinen Augen gesunken« ... »Ich bedarf einer Krisis« ... »Mein Herz ist zusammengezogen, und die Lichter meiner Phantasie sind ausgelöscht« ... »Ich könnte des Lebens müde sein, wenn es der Mühe verlohnte, zu sterben.«

Es ist nicht mehr das Unglück seiner Jugend, das

schmerzhafte Pochen und Drängen der eingedämmten Kräfte, es ist eine geistige Krise, die aus solchen Briefstellen spricht. Sie treibt ihn, stärker als die äußeren Umstände es könnten, aus der kurzen, seligen Atempause im Haus der Freundschaft heraus, sie treibt ihn weiter wie ein Schiff, das in der Bucht einer glücklichen Insel vor Anker lag, Süßwasser und Früchte aufnahm, seine ärgsten Sturmschäden ausbesserte, und nun die große, einsame Fahrt ins Unbekannte wieder aufnimmt. Er widersteht der Verlockung, einem Angebot des Hamburger Schauspielers und Intendanten Schröder zu folgen. Auf das ungewisse Terrain des Theaters will er sich nicht wieder begeben, er glaubt nicht mehr daran, daß diese direkte Berührung mit dem Darstellungsmetier für den dramatischen Dichter notwendig oder nützlich ist, und wird erst viel später, von Goethe veranlaßt und auf souveräne Art, mit neuem Gewinn dem Theater wieder begegnen. Jetzt verlangt's ihn nach einer anderen Art der Begegnung. In Weimar, der ›Stadt der Riesen‹, in die er sich wendet, um sich ihren ›Göttern und Götzendienern‹ zu nahn – dies seine eignen Worte –, wird sie ihm nicht ohne weiteres zuteil. Gewiß kommt es zu mancherlei Funkenschlag, zu intensiven Kontakten, mit Wieland, mit Herder, doch stets nur vorübergehender Art, durch kleinliche Unstimmigkeiten getrübt. Der Herzog selbst war abwesend, mit der Herzoginmutter Anna Amalia konnte er, trotz liebenswürdiger Aufnahme, nicht recht warm werden, auch Charlotte von Kalb, die jetzt wieder bei ihm ist, kann nichts Richtiges für ihn tun, obwohl sie ihn bei vielen interessanten Leuten einführt. Wieder wirkt seine eigenwillige, hartkantige Natur, das hephaistische Feuer seines Innern, das man als eine gefährliche, immer ausbruchsbereite Kraft verspürt, eher abstoßend und warnend auf die, die er anziehen möchte, es fliegen ihm weder Herzen noch Staatsämter oder Renten zu, er muß sich alles, auch Zuneigung und Verständnis, mühsam aus Urgestein erhämmern. Er seinerseits mokiert sich über das »bis zur Affek-

tation getriebene« Steinehämmern, Mineraliensuchen, und Botanisieren, das bei der Weimarer Intelligentia unterm Einfluß der Goethevergötterung Mode geworden ist ... Sein Blick auf die Natur geht nicht durch den Mikrokosmos, die Pflanzenmetamorphose, oder die Physik – er will sie als »das Allgemeine« sehen, und er sieht sie durch die verschwommene Brille Rousseaus. Doch wohin er sich wendet, in welche Richtung er schaut, überall wird ihm das Bild und die Strahlung des Einen reflektiert, den er beklommen, beunruhigt, voll Widerstand und doch mit einer zögernden Bewunderung, in die sich Furcht und Sehnsucht mischt, als ein unfaßbares Etwas, wie eine sinnlich-übersinnliche, dämonisch anziehende, aber auch unnahbare Urkraft verspürt. Er selbst, Goethe, befindet sich seit einem Jahr in Italien. Aber: *er ist da* – sein starkes Auge blickt ihn durch alle anderen Mienen und Gesichter hindurch an –, er steht hinter allen, er ist in jedem Gespräch, wohnt in jedem Zimmer, lebt in jedem Gedanken. »Er wird mehr noch als Mensch denn als Schriftsteller geliebt und bewundert«, berichtet Schiller nach Dresden, im Tonfall einer kühlen Distanziertheit. Aber am 28. August, man erfährt es nicht ohne die Empfindung eines geheimnsivollen Zusammenhangs, nimmt er im Garten von Goethes Haus, wo während dessen Abwesenheit ein Herr von Knebel wohnt, an Goethes Geburtstagsfeier teil – auch darüber in einem fast aufsässigen, ein wenig lausbübischen Tonfall berichtend: »Wir fraßen herzhaft, und Goethens Gesundheit wurde von mir in Rheinwein getrunken. Schwerlich vermutete er in Italien, daß er *mich* unter seinen Hausgästen habe, aber das Schicksal fügt die Dinge gar wunderbar ...«
Volle sieben Jahre sollte es dauern, bis das Schicksal die Dinge wahrhaft wunderbar fügte, bis es zu einer echten, inneren Begegnung, zu einer Lockerung der Goetheschen Reserve und einer Entspannung des werbenden Widerstands in Schiller kam ... Jetzt aber scheut er noch mit einer Art von stolzem Trotz vor Weimar zurück, vor dem

Bann- und Strahlkreis des Götter- und Götzendienstes, vor der Welt jener Auserwählten, zu denen er nicht gehört und so nicht gehören will. »Das Resultat aller meiner hiesigen Erfahrungen ist, daß ich meine Armut erkenne, aber meinen Geist höher anschlage, als bisher geschehen war.« – »Glaube mir«, heißt es im gleichen Brief, an Goethes Geburtstag geschrieben, »es steht unendlich viel in unsrer Gewalt, wir haben unser Vermögen nicht gekannt – dieses Vermögen ist die Zeit . . . Mit welchem Rechte können wir das Schicksal oder den Himmel darüber belangen, daß er uns weniger als andere begünstigte. Er gab uns *Zeit,* und wir haben alles, sobald wir Verstand und ernstlichen Willen haben, mit diesem Kapitale zu wuchern.«
Mit seinen achtundzwanzig Jahren ahnt er nicht, was für ein knapp bemessener Anteil ihm davon bewilligt ist. Als wäre er achtzehn, und als lägen alle Zeiten und Zeitalter vor ihm, beginnt er seine neue geistige Wanderschaft in die Weltgeschichte.
Wie immer in diesem Lebenslauf, gehn innere Notwendigkeit, der elementare Drang nach Selbstgestaltung und künstlerischer Vollendung, mit äußeren, aus krasser Daseinsnot gewirkten Motiven eng zusammen, und stehn gleichzeitig gegeneinander. So begründet er im selben Brief, an Körner, seine Erwägung einer Annahme der Geschichtsprofessur in Jena mit dem tiefen Bedürfnis nach einer umfassenden Geistesdisziplin, wie sie das Studium der Weltgeschichte bedeutet, und mit der resignierten Bescheidung, sich auf einen Brotberuf beschränken zu müssen, – denn, so meint er, was solle aus ihm werden, wenn sein dichterischer Frühling verblüht, die Jugendblüte seiner Poesie verwelkt sein werde? – Ihm graute davor, ein gealtertes Jugendgenie, ein ewig vielversprechender Talentjüngling mit unbezahlten Schulden zu sein, ihm ekelte vor der »Libertinage des Geistes«, vor dem Sichverlassen auf Intuition und Einfall, ihn verlangte gewaltig nach Reifung, nach Bildungsbreite, nach dem ernsten und festen Wesen voller Männlichkeit, und gleichzeitig bangte er um

eine abgesicherte, eingefriedete Existenz, die ihm auch materiell die Ruhe, Gelassenheit, Gleichmäßigkeit gewähren würde, deren es zu aller Konsolidierung und Ausbreitung bedarf. Zwischen diesen Polen jedoch ist er trotz alles Erreichten, trotz Titel, Amt und Ehestand, zu einer wahrhaften Ruhe, zu einem Ausgleich zwischen Drang und Zwang nie gekommen, und die reife Frucht seines Spätwerks ist das Ergebnis eines übermenschlichen Ringens und einer kaum faßlichen Selbstüberwindung.
Mit einem Gefühl der Erleichterung, als könne man selbst ruhiger schlafen, empfindet der Betrachter jede kleine Atempause in dieser kataraktischen Lebensgeschichte. So begab sich am St.-Nikolaus-Tag, dem 6. Dezember 1787, auf der Rückreise von Meiningen, wo er seine dort verheiratete Schwester Christophine und die alte Freundin und Wohltäterin Frau von Wolzogen besucht hatte, ein kleines Zwischenspiel, das aus einer Eichendorffschen Erzählung stammen könnte. Im dämmernden Nachmittag traben zwei Reiter, in ihre Mäntel gehüllt, durch den winterlich beflockten Thüringer Wald, und nähern sich bei Rudolstadt einem oberhalb der Saale zwischen Hügeln und Bäumen schön gelegenen Haus. Zwei junge Damen spähen ihnen entgegen, nicht ahnend, daß jede von ihnen einmal mit einem der beiden vermählt sein wird. Einer der Reiter hat, um nicht gleich erkannt zu werden und die Bewohner zu überraschen, seinen Mantel vors Gesicht geschlagen – es ist der junge Wilhelm von Wolzogen, der seinen Freund Schiller bei den von Lengefelds, mit denen er verwandt ist, einführen will. Der begegnet dort einer alten Dame von Geist und Kultur, und ihren beiden Töchtern, von denen die eine, die temperament- und reizvollere, in eine problematische Ehe verstrickt war, von der sie kaum Gebrauch machte (man sieht, auch das ist nicht von heute). Die andere, stillere, sanftere, mehr in sich selbst verschlossene, war noch ledig. »Beide«, ist Schillers erster, nicht sehr vielsagender Eindruck, »spielen recht gut Klavier.« Für ihn war das eine höchst agréable

Eigenschaft, nicht daß er sich sehr viel mit Musik beschäftigt hätte, aber wie schon Streicher erzählt, konnte er, wenn Klavier gespielt wurde, im Zimmer auf und ab gehend, besonders gut seine Gedanken und Sätze spinnen.

Genau zwei Monate vorher, am 6. Oktober, hat er noch aus Weimar, wo er mit Charlotte von Kalb zusammenlebte, an Huber geschrieben: »Hier habe ich viele Bekannte, worunter auch recht brave Menschen sind – aber keinen Freund, den ich lieben könnte. *Ein weiblicher Freund ist keiner.* Ich bin ganz isoliert.«

Trotz dieser unseligen Einseitigkeit seines Wesens – für Goethes gesegnetes Naturell konnte auch eine Frauenfreundschaft zum vollen Austausch führen – brauchte Schiller die Frau, aber mehr zur Kontrapunktierung, oder zur wohltemperierten Instrumentation seines Männerlebens, – auch zur Sicherung gegen sich selbst.

»Es ist sonderbar, ich liebe die herzliche, empfindende Natur, doch jede Kokette kann mich fesseln. Jede hat eine unfehlbare Macht auf mich durch meine Eitelkeit und Sinnlichkeit; entzünden kann mich keine, aber beunruhigen genug!« Und später: »Ich muß ein Geschöpf um mich haben ..., an dessen Dasein mein eigenes sich erfrischen kann. Du weißt nicht, wie verwüstet mein Gemüt, wie verfinstert mein Kopf ist ... Ich sehne mich nach einer bürgerlichen und häuslichen Existenz, und das ist das einzige, was ich jetzt noch hoffe.«

Deutlicher, auch illusionsloser als durch diese Briefstellen läßt sich Schillers Entschlossenheit und Weg zur Heirat nicht beschreiben. Nun war er bei seinem Eintritt in Rudolstadt nicht mehr der Ritter von der traurigen Gestalt, wie er – trotz aller idealisierten Porträts – in seiner Jünglingszeit oft gewirkt haben muß, – wie er noch bei seiner Ankunft in Leipzig auf Minna Stock wirkte, vor allem wohl durch die Diskrepanz von innerem Hochsinn und dem Ungeschick äußerer Schüchternheit. Er war jetzt männlicher, erwachsener, ausgeglichener – der Ernst seines Strebens, das Verhältnis zu Frau von Kalb, besonders aber der menschliche Erfolg bei den Freunden, hatten sein Selbstvertrauen gefestigt, auch war er besser gekleidet und gepflegt, und seine rothaarige Blässe mag ihm jetzt mehr einen interessanten, ungewöhnlichen als, wie vorher, einen bemitleidenswerten Anstrich gegeben haben. Die Schwestern Caroline und Charlotte von Lengefeld, beide musisch veranlagt, hochgebildet und neugierig auf den berühmten und umstrittenen Dichter, waren von seiner Persönlichkeit aufs tiefste beeindruckt.

Mehr als zwei Jahre zog sich die schwebende, beschwingte, zärtlich erregte Neigung zu beiden Schwestern hin, bis zu seiner Verheiratung mit Charlotte, und obwohl er grade in dieser Zeit mit äußerster Konsequenz an seiner geistigen und charakterlichen Formung, auch am Aufbau einer Lebensstellung arbeitete, ist es, als ob seine Natur, mit zunehmender Entbehrung und wachsendem Bedürfnis nach Liebeserfüllung, in eine Art von zweiter Pubertät getreten sei, die ihn oft in die flackernde, schwärmerische Exaltiertheit der Jugendjahre zurückwirft: so wird's bei ihm zeitweilig fast zu einer fixen Idee – über die er sich wohl nie klare Rechenschaft gegeben hat –, daß er *beide* Mädchen an sich fesseln, ja eigentlich beide heiraten müsse – und selbst nachdem er sich endlich nach außen hin entschieden und mit Charlotte verlobt hat, richtet er seine Briefe immer noch an die beiden:

»Meine Seele schließ sich um Euch! Könnten meine Arme Euch umfassen! könnte ich Euer schlagendes Herz an dem meinigen fühlen! ... Wäret Ihr schon mein! was wird es sein, wenn Ihr mir wirklich gegeben seid, Ihr meine Engel, wenn ich Leben und Liebe von Euren Lippen atmen kann!«

Und seine Phantasie malt sich den Alltag einer dreieinigen Ehe aus: »Du Caroline bist am Klavier, und Lottchen arbeitet neben Dir ... Ich lege die Feder weg, um mich an Euren schlagenden Herzen zu überzeugen, daß ich *Euch* habe ...«

So wenig angebracht es erscheint, im Seelen- und Liebesleben großer Männer aus analytischen Gründen herumzustochern, und es nach Mikroben oder Viren durchzukämmen, so unerläßlich ist es für das Verständnis von Schillers heroischem Zweikampf mit dem Leben und um das Werk, sich gerade diese Verwirrung und Klärung in seinem persönlichsten Umkreis zu vergegenwärtigen: die ungeheure Gefährdung des Genies, die messerschmale Brücke zwischen Fiktion und Wirklichkeit, überm Abgrund des Wahns und der Selbstvernichtung. Verliebt war er zweifellos in Caroline, die begabtere, leidenschaftlichere, wohl auch anspruchsvollere, deren selbstverfaßte Grabschrift lautet: »Ich irrte, litt, liebte.« Gewählt hat er, mit Recht, die andere, bei der er Ruhe, Sammlung, Geborgenheit für sein Werk finden konnte. Das war bei ihm kein Mangel an Lebensmut, sondern ein Akt der Selbsterhaltung. Daß es zwischen den Schwestern nicht zu den üblichen Eifersuchtskämpfen und Zankereien kam, ist vermutlich nur dem Herzensadel und der heimlichen Weisheit Charlottes zu danken. Noch in den späten Jahren dieser Ehe entrüstete sich das Schulmeisterlein Wuz, der manchmal recht ehrpußlige Jean Paul Richter, als er bei Schiller zu Tisch war, daß der seine wiederverheiratete Schwägerin in Anwesenheit seiner Frau zu einer gemeinsamen Reise nach Paris aufgefordert habe, – aus der natürlich nie etwas wurde. »Dieser Schiller«, urteilte Jean Paul, »scheint sich über alles zu erheben, über die Menschen, über das Unglück, und über die Moral!« Sicher ist, daß Schiller, in der entzückten Neigung zu seiner Schwägerin, die Grenzen der Phantasie nie überschritten, die der ›Moral‹ nicht gebrochen hat. Ebenso sicher, daß das wenige, was es überhaupt an Frieden und flüchtigem Behagen in diesem ewig gehetzten und bedrängten Leben gab, ihm durch seine Frau, Charlotte von Lengefeld, geschenkt worden ist.

Die Antrittsvorlesung des jungen Geschichtsprofessors Friedrich Schiller in Jena gestaltet sich zu einer Sensation:

so viele Studenten strömen herbei, daß man den Saal wechseln, in den größten der Universitätstadt übersiedeln muß, es gibt begeisterten Applaus, Vivatrufe, eine Nachtmusik: jeder will den Dichter der ›Räuber‹ sehen, der sich, sehr zum Stirnrunzeln der zünftigen Akademiker, auf den Katheder gewagt hat. Er steht im dreißigsten Lebensjahr, ist noch nicht verlobt, lebt in einer besseren Studentenbude und hat sich selbst erst vor wenigen Jahren, mit fanatischem Eifer, ins Studium der Geschichte gestürzt, zu dem er eigentlich durch die Suche nach dramatischen Stoffen, sein Interesse für Verschwörungen, Rebellionen, Umstürzler, Staatsverbrecher und die Grenzfälle des Pitaval gekommen ist. Angestellt ist er als Professor ohne jedes Honorar, ganz auf die Kolleggelder von zahlenden Studenten oder auf Nebeneinnahmen angewiesen, denn seine Berufung wurde von den herzoglichen Kanzleien besonders deshalb bestätigt, »da diese Acquisition ohne Aufwand zu machen« war.
An jenem Antrittsabend will er wohl mehr noch sich selbst als seinen Hörern Rechenschaft geben, wenn er, der in seinem Frühgedicht ›Resignation‹ die lapidare Zeile geprägt hat: »Die Weltgeschichte ist das Weltgericht«, sich nun das Thema stellt: »Was heißt, und zu welchem Ende studiert man Universalgeschichte?« Um die Geschichte, so lautet seine grundsätzliche Antwort, als eine unablässig fortschreitende Höherentwicklung des Menschengeschlechts zu erkennen, die von den dunkelsten Zeiten bis zur lichten Stunde des gegenwärtig abklingenden Jahrhunderts, des modernen Zeitalters der Vernunft führt, und aus dieser Erkenntnis die Maximen für eine noch lichtere Zukunft zu schöpfen.
»Wahr ist es«, heißt's in einem Absatz dieser Rede, »auch in unser Zeitalter haben sich noch manche barbarische Überreste aus den vorigen eingedrungen, Geburten des Zufalls und der Gewalt, die das Zeitalter der Vernunft nicht verewigen sollte. Aber wieviel Zweckmäßigkeit hat der Verstand des Menschen auch diesem barbarischen

Nachlaß der älteren und mittleren Jahrhunderte gegeben!«
Gewiß denkt Schiller bei dieser »Zweckmäßigkeit« noch nicht an die Erfindung der Guillotine, die erst ein wenig später stattfinden sollte. Hat es nicht einen tragischen, oder auch tragikomischen Beigeschmack, daß ein Jahrhundert später, um die Neige des neunzehnten, sich wieder gerade in Jena die Fortschrittsgläubigen, unter anderen, evolutionistischen Vorzeichen, um Ernst Haeckel und die Naturwissenschaftler scharten?
Im selben Jahr schreibt und veröffentlicht er nach langer Pause wieder eine großangelegte lyrische Dichtung, sie heißt ›Die Künstler‹, und beginnt mit den bekannten Versen:

Wie schön, o Mensch, mit deinem Palmenzweige
Stehst du an des Jahrhunderts Neige
In edler, stolzer Männlichkeit,
Mit aufgeschlossnem Sinn, mit Geistesfülle,
Voll milden Ernsts, in tatenreicher Stille,
Der reifste Sohn der Zeit –
Frei durch Vernunft, stark durch Gesetze ...

Es ist das Jahr 1789, in dem diese Verse gedichtet, die bekenntnishaften Sätze der Antrittsvorlesung gesprochen wurden, eine Jahreszahl, für uns untrennbar verknüpft mit dem Ausbruch der französischen Revolution, und bevor das Jahrhundert zur Neige geht, wird sich »der reifste Sohn der Zeit« als der Meister des Schreckens erweisen, die Revolution wird ihre Kinder fressen, die symbolische Göttin der Vernunft an ihrer auf den nackten Frauenleib geschmierten Goldbronze ersticken.

Der Menschheit Würde ist in eure Hand gegeben,
Bewahret sie!
Sie sinkt mit euch! Mit euch wird sie sich heben! –

ruft er den Künstlern zu, sie als vorbildhafte und gewaltlose Erzieher des Volkes zur ergriffenen Teilnahme an allem irdischen Geschehen anfeuernd. Und in Paris wird Davids Meisterhand, mit der dem Künstler gleichfalls auferlegten Teilnahmslosigkeit, die fallenden und die steigenden Sterne dieser Stunde, die neuen Herren und die alten Knechte, die Entflammten, die Verzweifelten, die Leidenden, Sterbenden, Gefangenen, Todverängstigten, Davongekommenen, die Spöttischen, Grausamen, Gequälten, Überzeugten, Gleichgültigen, Wilden und Sanften mit gleicher Sicherheit und Kälte auf den Block – nicht den Richtblock – den Zeichenblock fesseln.
Schiller wußte noch nichts davon, und was er später davon erfuhr, hat ihn zutiefst beunruhigt und abgestoßen. Er hat die Revolution, den Terror, die Gewaltherrschaft nie aus der Nähe erlebt, auch keinen Krieg. Er ahnte es, doch er wußte es nicht aus Erfahrung, *was* der schrecklichste der Schrecken ist – wir leider wissen es heute –, es ist der kleine Mann in Macht, ganz gleich wie er sich nennt, von einem Zwangsstaat losgelassen und gleichzeitig organisiert und beamtet, nicht nur die Geißel aller Schwächeren, Wehrlosen und Verfemten, sondern der Mörder und der Tod aller freien Geistesentfaltung, alles Besonderen, Außerordentlichen, Vorzüglichen, das nicht in die berechnete Planung solcher Systeme paßt. Vor allem also der Kunst. Schillers ›Freiheit‹ marschiert nicht im Massengleichschritt, sie ist kein Konsumverein, kein eudämonistisches Versorgungsparadies, sie ist voll des Unberechenbaren und der *persönlichen* Kühnheit, auch der *persönlichen* Gefahr, sie brütet »Kolosse und Extremitäten« aus, das ist eine Freiheit zum Ungeheuren, zur Selbstüberhöhung, zum ikarischen Wagnis, zur Zucht, zur Tragik, und durch Tragik zur Größe. Schillers Freiheitsalarm und Erhebungsfanal richtet sich gegen den Machtmißbrauch des Feudalabsolutismus, der grausam war, aber immer noch das Gemüthafte, auch das Edle und Ungewöhnliche nicht ausschloß. Wir im zwanzigsten Jahr-

hundert Lebenden kennen den Status von Macht und Gewalt, bei dem das Gemüthafte vollständig aufhört, wir haben den Schrecken nicht als Kraterausbruch, Auflodern niedergehaltener Kräfte, sondern pedantisch und systematisch ›durchorganisiert‹, mit Pensionsanspruch, kennen gelernt, und wir wissen, daß die Ideologie, auch die höchstintellektuelle, eine ärgere Schranke für die menschliche Freiheit sein kann, als es jemals Inquisition und Despotismus waren. Im antagonistischen Charakter des jungen Schiller, in seinem gärenden Frühwerk ist auch dieses angelegt: auch Franz Moor, auch Spiegelberg sind Ideologen, Dialektiker. Wehe, wenn sie zur Macht kommen, vom unterwürfigen Beifall des niederen Intellekts getragen, von den Erniedrigten zu Götzen erhöht. Dann bleibt nur Spott oder Vernichtung für die, die sich nicht erniedrigen wollen. Schiller war nicht der Mann, der sich erniedrigt oder erniedrigen läßt. Er, der – voltairisch geschult – in seiner Denkart durchaus von den Enzyklopädisten herkam, der als Historiker ein deutscher Montesquieu werden wollte, dem Mirabeaus Schrift ›Sur l'éducation‹ richtungsweisend erschien, wandte sich mit klarer und unzweideutiger Entschiedenheit von der Nation ab, die den Absolutismus durch die Tyrannei der Tribunale und schließlich durch Militärdiktatur ersetzt hatte – selbst als ihm später die an ›Monsieur Gilles, Publiciste Allemand‹ gerichtete Urkunde mit der Ehrenbürgerschaft der französischen Republik zugesandt wurde.
»Vielleicht rätst Du mir zu schweigen«, schrieb er um diese Zeit, 1792, an Körner, »aber ich glaube, daß man bei solchen Anlässen nicht indolent und untätig bleiben darf. Hätte jeder freigesinnte Kopf geschwiegen, so wäre nie ein Schritt zu unsrer Verbesserung geschehen. Es gibt Zeiten, wo man öffentlich sprechen *muß,* weil Empfänglichkeit dafür da ist, und eine solche Zeit scheint mir die jetzige zu sein.« Er versucht sogar, eine Adresse zugunsten des gefangenen Königs Ludwigs XVI. zu publizieren, sucht einen französischen Übersetzer, wird von den

Ereignissen überholt ... »Ich kann seit vierzehn Tagen keine französische Zeitung mehr lesen«, heißt es nach der Hinrichtung, »so ekeln diese elenden Schinderknechte mich an.«
Dabei ließ doch das Temperamenthafte und Ungeplante der Blutherrschaft immer noch eine Tür zur Freiheit offen, wie sie den geistigen Vätern der Revolution vorgeschwebt hatte – grade das Ausbruchhafte, Wilde, Ungezügelte, ließ auf die Möglichkeit eines Ausgleichs hoffen. Schiller hatte diese, politisch begrenzte, Illusion bald verloren, nicht aber den hohen Glauben, dem er in seinem Gedicht ›Die Künstler‹ Ausdruck verliehen, und der metapolitisch gerichtet ist: denn für ihn wie für uns ist der Mensch kein Zoon politikon, kein gesellschaftsbildendes Tier, sondern Träger einer göttlichen Bestimmung, deren reine Essenz sich eben nur in dem niederschlägt, was er ›Die Kunst‹ nennt.

Im Fleiß kann dich die Biene meistern,
In der Geschicklichkeit ein Wurm dein Lehrer sein,
Dein Wissen teilest du mit vorgezognen Geistern,
Die Kunst, o Mensch, hast du allein.

Auch das steht in dem gleichen Gedicht, und diese weiteren Zeilen, mit denen er seinen späteren, durch Kant angeregten Versuch einer Ästhetik vorwegnimmt:

Nur durch das Morgentor des Schönen
Drangst du in der Erkenntnis Land!

Schillers Ästhetik sieht das ›Schöne‹, die Schönheit, ganz im Gegensatz zu späterer Dialektik, nicht als einen Überbau, einen Dachgarten auf dem Hause der Gesellschaft, sondern als deren Voraussetzung, als Grundlage alles Guten, jeden dauernden Wertes, allen Bestehens.

Was wir an Schönheit hier empfunden,
Wird einst als Wahrheit uns entgegengehn ...

Erklingt hier nicht eine echte, tiefe Sehnsucht nach Transzendenz – aber auch nach neuer Sinngebung des dichterischen Schaffens, die, allem chthonisch-chaotischen Ursprung entfliehend, der »Dichtung heilige Magie« ins Priesterliche erhebt?

Seine Künstler sind nicht die Trommler und Schrittmacher der Masse, auch nicht – wie wir sie sehen – die Sänger und Künder einer Welt, in der Gott unter jedem Dache wohnt, sondern die Vorbildlichen und Auserwählten einer erlesenen Geistesrepublik, oder, in Goethes Idiom, einer »pädagogischen Provinz«.
Als Schiller die Professur übernahm, stellte er sich die Sache schon keineswegs allzu behaglich vor. Mit neun Stunden täglicher Arbeit, rechnet er dem Freund Körner vor, könne er wohl »bei geringer Vorlesungstätigkeit« auskommen, dann bleiben ihm immer noch drei volle Stunden am Tag für andere Arbeiten, also die dichterischen und das Artikelschreiben, auf das sich der Nebenverdienst gründete. Das bedeutet also: *zwölf* Stunden intensivster geistiger Arbeit an jedem Tag – und im Grunde nur, um das nackte Leben zu fristen, denn an große künstlerische Pläne ist unter solcher Belastung nicht zu denken. Nach der durch Hunderte von Studenten überfüllten Antrittsvorlesung mit ihrem Sensationserfolg sind ihm dreißig Hörer geblieben, von denen ganze zehn bezahlten! Trotzdem schafft und arbeitet er unermüdlich, vor allem an seiner weiteren Selbstbildung: »Nicht eher werde ich je wieder mit einer Tragödie anfangen, als bis ich den Geist der griechischen Tragödie erfaßt habe ...«
Zu Anfang des Jahres 1790 hat er geheiratet, die Lebensumstände werden traulicher, freudevoller für ihn, die Not nicht geringer, auch durch Vorschüsse von Verlagen und Zeitschriften nicht zu bannen. »Ich bin täglich *vierzehn*

Stunden lesend oder schreibend in Arbeit«, heißt es jetzt, »und dennoch geht's so leidlich wie sonst nie.«

Leidlich oder nicht, es ging, bis es nicht mehr ging. Im Jahr 1791, nach kaum einjähriger Ehe, erfolgt der unvermeidliche Zusammenbruch. Eine Kette schwerster Krankheiten, mit einer akuten Lungenentzündung beginnend, Erstickungsanfälle, Beklemmungen – Todesangst, die gewiß auch der Lebensangst entsprang. Denn wie sollte es weitergehn?

In diesen Sommertagen, in denen er, wie er an Göschen schrieb, »schon Abschied nahm«, beugt sich manchmal, wenn er aus Fieberschauern kurz aufwacht, ein engelschönes Gesicht über sein Lager, mit großen, dunkelstrahlenden Augen – das Gesicht eines Jünglings, von fast mädchenhafter Lieblichkeit, doch strenger, ernster, heiliger Bestimmung: es ist das des jungen Hardenberg-Novalis, der oft bei ihm Krankenwache hält.

In diesen Sommertagen des Jahres 1791 flammt eines Abends am dänischen Ostseestrand, gegenüber der Steilküste Schwedens, ein riesiges Feuer auf – wirft seinen zuckenden, rotglühenden Schein weit aufs nächtige Meer hinaus. Ein Brandopfer, ein mythischer Scheiterhaufen, auf dem Lorbeerzweige und ein Eichenkranz zu dunklem Rauch werden. Ein Krug edlen Weines wird auf den Sand der Küste, auf die Erde geleert, junge Menschen stehen in Tränen und heben anrufend die Hände zum Himmel. Anrufend die Manen des großen Schiller, von dem es hieß, er sei gestorben.

Auch ein flammender Nachruf wurde verfaßt, der mühsam Genesende konnte ihn auf seinem Krankenlager lesen. Man sagt, wer totgesagt war, wer seinen eigenen Nachruf gelesen hat, lebt lange, bei Schiller stimmte es nicht – oder vielleicht doch, denn das einundeinhalbe Jahrzehnt, das ihm noch geschenkt wurde, bedeutete erst sein Leben, und verewigte es.

Jetzt aber mußte ein Wunder geschehen, um ihn am Leben zu erhalten, und es geschah. Das Wunder der Hilfsbereitschaft, der Menschenliebe. Durch die nächtliche Trauerfeier am Ostseestrand, die der dänische Dichter Baggesen veranstaltet hatte, waren zwei große und hochmögende Herrn, der Erbprinz Friedrich Christian von Schleswig-Holstein-Augustenburg, und der dänische Finanzminister Graf Schimmelmann, auf Schillers Lage und Krankheit aufmerksam geworden. Beide kannten und verehrten sein bisheriges Werk. Niemals war eine Stiftung, eine Wohltat besser angewandt als diese, mit der die beiden dem kranken Dichter durch eine großzügige Rente, für drei Jahre und dann noch für ein viertes, die Unabhängigkeit seines Lebens und Schaffens sicherten. Gesund ist Schiller nie mehr geworden, trotz der Badeorte, die er nun aufsuchen, der Pflege, die er sich gönnen konnte. Es ist aber anzunehmen, daß ohne diese Hilfe, diese Rettung aus tiefster Not die große Zeit seines Lebens, die Zeit mit Goethe, die Geburt seines dramatischen Hauptwerks, nie angebrochen wäre. Durch alle Nacht und Kälte dieser Welt leuchtet das menschliche Herzensfeuer vom Ostseestrand.

Im September 1788, also noch vor Schillers Jenenser Professur und Verlobung, war es einmal bei den Lengefelds zu einem ausführlichen Zusammensein mit Goethe gekommen, doch obwohl es fast den ganzen Tag lang dauerte, kam es zu keinem Kontakt. Auch andere, kurze, mehr zufällige Begegnungen blieben konventionell und ohne Funkenschlag.

Schiller empfand Goethes Steifheit und Reserve, ohne sich darüber klarzuwerden, daß sie eine ausgesprochene Ablehnung bedeutete. Wir wissen aus Goethes eignen Worten, daß ihn die Räuber »anwiderten«, daß ihm Schillers ganze Frühdramatik »verhaßt« war, gerade weil er darin ein »kraftvolles aber unreifes Talent« erblickte, und daß ihn der laute Beifall, das »Rumoren«, wie er es nannte, das solche Werke in Deutschland erweckten, beunruhigte und erschreckte. Er hatte genug von Sturm und Drang, Umsturz, »Avantgarde« ... das war eine Art von Literatur, der er selbst in seiner Jugend den Weg bereitet, die er für überlebt, überwunden gehalten hatte, und der er jetzt – er arbeitete seit 1786 schon am Wilhelm Meister – ein völlig neues Melos der Poesie entgegenzusetzen hoffte. Nun schien ihm diese Hoffnung erschüttert – denn hier, in der Erscheinung Schillers, drohte das alles, das Überwundne, Gärende, mit so verderblicher Flutgewalt wieder vorzubrechen, und ihm selbst den mühsam gewonnenen Boden wegzureißen, daß er es fast als sinnlos empfand, dagegen anzukämpfen: »Die Ausübung der Dichtkunst hätte ich gern völlig aufgegeben ...« Auch der ›Don Carlos‹, dessen überhitztes Freundespaar und exaltierte Liebeshandlung ihn vermutlich ebenso anwiderten, konnte daran nichts ändern. Doch war sein Auf-der-Hut-Sein nicht nur literarisch begründet. Auch durch Schillers Person fühlte er sich beunruhigt, da er nicht über sie wegsehen konnte, da er sich nicht verhehlte, wie stark, einmalig, ungewöhnlich sie war. Er spürte tiefer in ihre Wesensgründe hinein als andere. Er empfand das Zwiespältige, Disharmonische, verzweifelt Gegensätzliche in Schillers Natur und Geist, diese stets in Karl und Franz Moor, in die hehre Erscheinung des Erzengels und die finstre des Lucifer gespaltne Seele als Gefahr für seine eigne, aus wohl verborgner Chaotik um inneres Maß ringende Existenz. Er fürchtete ihn. Er ging ihm aus dem Weg. Er wußte noch nichts von der herakleischen Überwindungskraft, mit der Schiller über alles Extreme hinausstrebte, er ahnte noch nichts von dem, was er später, in der Erinnerung, das Christushafte an Schiller nannte – denn diesen Vergleich hat er tatsächlich gebraucht: »Schillern war eben diese echte Christustendenz eingeboren – er berührte nichts Gemeines, ohne es zu veredeln ...«

Bei Schiller jedoch mischte sich dem großen Unnahbaren gegenüber, den er bewußt als seinen Gegenpol empfand, brennende Neugierde, Wißbegierde, Eroberungslust mit Bewunderung und Enttäuschung, Unsicherheit und

Stolz zu einer Art von Haßliebe, die er selbst mit der Empfindung des Brutus und Cassius für Cäsar verglich: er könne Goethes Geist umbringen, bekennt er, und ihn wieder von Herzen lieben. »Dieser Mensch«, heißt es anderswo, »ist mir einmal im Wege!« – »Öfters um Goethe zu sein«, schreibt er an Körner, »würde mich unglücklich machen ... ich glaube in der Tat, er ist ein Egoist in ungewöhnlichem Grade ... Er macht seine Existenz wohltätig kund, aber nur wie ein Gott, ohne sich selbst zu geben ...«
Und plötzlich – nach sechs weiteren Jahren – nach Schillers vorübergehender Genesung und neuer Erkrankung – nach seiner Reise und seinem Aufenthalt in der »vaterländischen Luft« Schwabens – dem Wiedersehn mit Eltern, Schwestern, Jugendfreunden – der Verbindung mit Cotta – ist die Schranke gefallen. Erst kommt, auf Schillers Anfrage, Goethes zögernd gegebene, dann aber herzlich gehaltene Zusage zur Mitarbeit an den ›Horen‹ – und bald darauf jenes berühmte ›erste Gespräch‹, nach einer Sitzung der ›Naturforschenden Gesellschaft‹, das – gerade aus Kontradiktion und Widerstand – den Zündfunken springen ließ. Was dann geschah, hat – obwohl sich's um Geistesgeschichte dreht – etwas von einem Naturereignis, es gleicht dem Ineinandermünden zweier Ströme, von denen doch jeder, wie der Rhein und der Main in ihrem ersten Zusammenlauf, seine eigne Farbe und Substanz behält. Für Schiller geschah diese Vereinigung auf Lebenszeit, und nach seinem Tod noch bleibt seine Spur in dem durch ihn breiter genährten, mächtiger hinfließenden Strom, der ihn mit sich zum Meere trägt.
Das ergreifende Zeugnis dieser beiderseitigen Geistes- und Lebensverschmelzung ist der Briefwechsel – eine schöne und traurige, erregende und hinreißende, wunderbare und spannende Lektüre, nicht nur ihrer hohen Inhalte, sondern der menschlichen Geschichte wegen, die sie erzählt: wie Schiller in seinem ersten persönlichen Brief, vom 23. August 1794, die ganze Erscheinung Goethes, so wie er sie sieht, sein genetisches Diagramm,

den »Gang seines Geistes«, darstellt: »Sie nehmen die ganze Natur zusammen, um über das Einzelne Licht zu bekommen« – und damit für alle weitere Korrespondenz den Grund legt, die Exposition entwirft, – wie Goethe, tief beeindruckt, dennoch mit einer leisen Bremse reagiert, indem er von einer »Art Dunkelheit oder Zaudern« bei sich selbst spricht, über die er nicht Herr werden könne, – wie Schiller die Freundschaft mit der gierigen Ungeduld eines allzu feurigen Liebhabers konsumieren möchte, – wie Goethe sich allmählich erschließt, bis man – in den Frankfurter Briefen etwa – spürt, wie ihm der Austausch unentbehrlich geworden ist. Erschütternd der Brief, in dem Schiller – am 7. September 1794 – auf Goethes erste Einladung nach Weimar antwortet: Seine Freude wird von der Besorgnis getrübt, daß er ein durch seine körperlichen Übel unbequemer Gast sein könnte – es ist ein Dokument seines andauernden physischen Leidens, in dem es heißt: »Ich bitte bloß um die leidige Freiheit, bei Ihnen krank sein zu dürfen ...« Dann wieder, nur ein Jahr später, von Goethes Seite die Ankündigung der Geburt eines Sohnes, in der er schon im Tonfall herzlicher Vertrautheit schreibt: »Nun wäre es an Ihnen, zu Bildung der Schwägerschaft und zu Vermehrung der dichtrischen Familie für ein Mädchen zu sorgen ...« Die »dichtrische Familie«, das waren sie, die zwei verbündeten Männer, von denen Goethe einmal sagt, daß sie »beide gleichsam die Hälfte voneinander ausgemacht hätten«: eine Wahlbrüderschaft, wie sie in der Dichtungs- und Geistesgeschichte einmalig dasteht.

Goethe selbst war in dieser Zeit seiner Mannesreife, zwischen vierzig und fünfzig, keineswegs leicht und heiter gestimmt, eher zu Resignation geneigt – er mußte sich das, was er »die Heiterkeit und den Frieden seines Alters« nannte, noch hart erkämpfen. Denn auch ihm, dem Götterliebling, wurde nichts geschenkt.

Was Goethe, der sich nicht leicht von den Valeurs eines andern überzeugen ließ, an Schiller schließlich imponiert

und angezogen haben mag, war der Grad seiner Selbsterziehung: wie dieser ungestüme junge Mensch sein Drängen nach dichterischer Befreiung, Erlösung, auch nach Ruhm und Lorbeer, fast gewaltsam unterdrückt und hintangestellt hat, um eine Gesamtbildung, einen festen Boden des Wissens, eine Vorstufe zur Erkenntnis sich Stück für Stück zu erackern, statt sich auf den Flug der Intuition, seine künstlerische Begnadung zu verlassen. Der Zug von Universalität, der sich bei Schiller von seinem medizinischen Studium über die dramaturgische Praxis, die Geschichtsforschung und -schreibung, die Durchdringung der Antike bis zur Philosophie seiner Zeit immer stärker ausprägt, entsprach Goethes Bild vom zur erfüllten Form strebenden Menschen, nur daß ihm Schiller darin schon zu weit ging: er wünschte sich den Gereiften, Selbstgeformten, zurück zu den Quellen der Phantsie, zur Einmaligkeit seines dichterischen, dramatischen Talentes, und er führte ihn, mehr oder weniger absichtsvoll, wieder dahin – so wie er sich selbst durch die Berührung mit Schiller, die neue Kommunikation mit dem primär Schöpferischen, das in beiden das Beste war, zur Dichtung und zu den ursprünglichen Quellen seines Schaffens zurück- und vorangetrieben fühlte.
Die Quellen, der Ursprung, der eigentliche Antrieb zum Produktiven kommt bei beiden aus völlig verschiedenen Wesenheiten und Vorstellungen, sie berührten sich nur im tiefsten Wurzelgrund und in der einsamsten Wipfelhöhe. Für Goethe ist man Mensch dadurch, daß man als Mensch geboren ist. Aus seiner Natur entwickelt man, durch Erziehung, die Persönlichkeit. Bei Schiller ist man ein Mensch dadurch, daß man Mensch sein *will*, das heißt, man kann es gar nicht *sein*, nur *werden*. »Mich selbst, ganz wie ich da bin, auszubilden, das war dunkel von Jugend auf mein Wunsch und meine Absicht«, heißt es im Wilhelm Meister. »Der Mensch ist das Wesen, welches will«, steht im ersten Absatz von Schillers später Schrift ›Über das Erhabene‹.

Es gibt kaum einen anderen Satz bei Schiller, der in solcher Prägnanz und Kürze gleichsam einen Scheinwerferstrahl auf die stärkste und auf die verwundbarste Wurzel seines Wesens wirft, auf die heroische und die tragische Bestimmtheit. Die volle Verschiedenheit, der gegensätzliche Charakter Schillers und Goethes in ihrer Dichtung, läßt sich nicht in Programmworten fassen, auch der von Schiller ausführlich begründete Kontrast zwischen naiver und sentimentalischer Dichtung drückt ihn nur teilweise aus, vor allem durch den Satz: »Der Dichter *ist* entweder Natur, oder er wird sie suchen.« Man erinnert sich dabei an eine neuere Formulierung der beiden verschiedenen Ursprünge oder Quellen, aus denen das Schöpferische ersteht: aus dem erkannten Mangel, aus der bewußten Fülle. Doch wenn es auch sicher ist, daß Goethes Schöpfertum der bewußten Fülle entspringt, so reicht die Bestimmung des ›erkannten Mangels‹ nicht aus, um die Ursprünge von Schillers Schaffensstrom zu umschreiben. Da kommt Unbeschreibliches hinzu, Unberührbares – zutiefst war auch er, wie jeder echte Sänger und Seher, ›des Gottes voll‹ –, und in einer der wenigen Strophen von wahrhafter lyrischer Schönheit, die er in seinen sonst immer mehr auf die Idee und ihre Figurinen hin gestimmten Balladen gedichtet hat, im ›Grafen von Habsburg‹, steht eine kostbare Andeutung davon:

Wie in den Lüften der Sturmwind saust,
Man weiß nicht, von wannen er kommt und braust,
Wie der Quell aus verborgenen Tiefen,
So des Sängers Lied aus dem Innern schallt,
Und wecket der dunklen Gefühle Gewalt,
Die im Herzen wunderbar schliefen.

Mit welcher dauerhaften Bedeutsamkeit sich, in den verborgenen Tiefen, die Berührung der beiden Geister vollzog, erhellt ein kleiner Zug, der gleichzeitig die Verschiedenheit ihrer Anlage und ihrer Entwicklung wie wenig andere dartut, und der mich, als ich ihn erfuhr, sonderbar bewegte: wie nämlich jener berühmt gewordene, wunderbare Satz aus Schillers erstem Brief über die vollendeten acht Bücher des ›Wilhelm Meister‹ – »daß es dem Vortrefflichen gegenüber keine Freiheit gibt als die Liebe« – bei Goethe, Jahre nach Schillers Tod, in den ›Wahlverwandtschaften‹ wieder auftaucht, jedoch in abgewandelter Form: »Gegen große Vorzüge eines andern«, heißt es da in Ottilies Tagebuch, »gibt es kein Rettungsmittel als die Liebe ...«

Wahrscheinlich hat Goethe im Augenblick der Niederschrift nicht mehr gewußt, woher dieser Satz stammte – er hatte sich damals tief in sein Gemüt eingeprägt, und kam nun, auf seine Weise und in seiner elastischen Denkart, wieder zu Tage. So hat er den stürmisch-eindeutigen Ausdruck männlicher Bewunderung und Liebe, wie Schiller ihn festgelegt hatte, in seine behutsamere, vorbehaltlichere Weise und in die Wesensart einer Frau hinübergespielt, und damit dem toten Freund eine geheime, vielleicht ihm selbst unbewußte und dadurch um so sublimere Huldigung dargebracht.

In einem Brief Goethes aus dem November 1795 – dem selben, in dem er eine »Art Kriegserklärung gegen die Halbheit« fordert, woraus dann später die von ihm als Abrechnung »mit denen Lumpenhunden«, nämlich den Dutzendschreibern, bezeichneten ›Xenien‹ geworden sind –, im selben Brief klagt er über mangelnde Stimmung und Schaffenslust zu dichterischer Arbeit, fügt aber hinzu: »Ich brauche die Zeit indessen, wie ich kann, und es ist bei der Ebbe zu hoffen, daß die Flut wiederkehren werde.«

Schiller hatte nie dieses feste, gewisse Zutrauen der winterlichen Natur, die den werdenden Frühling vorausspürt. Wenn es dürr um ihn wurde, wußte er nicht, ob wieder Tau oder Regen fällt, und wenn es strömte, wollte er alles auffangen, den ganzen Sturz himmlischer Gnade in einem einzigen schwachen Gefäß.

Die Blüte seiner Jugenddichtung war von rauhen Aprilstürmen umschauert, vom Atem der Eisheiligen angehaucht – die große, unendlich reiche Ernte seiner letzten Jahre reifte unter einer glühenden, unbarmherzigen Sonne.
Goethe hatte ihn, wohl wissend, was er tat, schon bald nach ihrer Verständigung an sein neues, 1791 erbautes Weimarer Hoftheater herangezogen, zunächst für eine Bearbeitung des ›Egmont‹, die er dann als »konsequent aber grausam« bezeichnete, – vermutlich hatte Schiller, im Interesse der Bühnenwirkung, zu gut gestrichen. Mit dem ›Theatervolk‹ konnte sich der gereifte Mann besser verständigen, als es dem Jüngling in Mannheim gelungen war, er leitete mit Erfolg die Proben, saß auch dann und wann nach einer geglückten Aufführung mit ihnen im Stadthaus zu einer feuchten ›Premierenfeier‹. Mehr und mehr begann ihn die Luft des Theaters, die Atmosphäre des Metiers, die Befriedigung, wie sie die unmittelbar lebendige Verwirklichung eines Dichtwerks gewährt, anzuregen und zu eigener Produktion zu entflammen. Seit seiner historischen Arbeit über die Zeit des Dreißigjährigen Kriegs beschäftigte ihn die zwielichtige, helldunkle Gestalt des Wallenstein, er sah darin etwas für ihn ganz Neues und ungemein Reizvolles, nämlich den negativen Helden, der erst durch Fehlschlag und im Versagen Größe gewinnt. »Vordem habe ich«, schreibt er im Mai 1796, »im Posa und Carlos die fehlende Wahrheit durch schöne Idealität zu ersetzen gesucht; hier im Wallenstein will ich es probieren und durch die bloße Wahrheit die fehlende Idealität (die sentimentalische nämlich) entschädigen.« Zögernd beginnt er – dann mit immer erhitzterer Leidenschaft –, das Riesenwerk aufzubauen, das sich rein stofflich und zeitlich nicht in einem Abend bewältigen läßt. Er hat es in Prosa entworfen, dann entschließt er sich, es in Jamben zu machen, wobei ihm nichts Pathetisches oder Hochtrabendes vorschwebt, ja es kommt ihm, wie es in einem Brief an Cotta heißt, auf nichts anderes an, als für

das ganze Stück »eine angemessene, deutliche und maulgerechte Theatersprache« zu schaffen. Wenn man vom ›Demetrius‹ absieht, ist daraus wohl sein herrlichstes Sprachwerk geworden. Mit welcher stürmischen Frische, nur mit dem vielstimmigen Kullern eines Bergbachs zu vergleichen, springt schon der gereimte Knüppelvers des ›Lagers‹ dahin, in dem sogar der bei Schiller meist vermißte Humor zu seinem Recht kommt. Gewiß ist es nicht ohne Komik – und hätte man's nicht allzu oft als hingeschwätztes Zitat gehört, so müßte man sehr drüber lachen –, wenn sich, mitten im Weltkrieg, zwei durch Europa umhergewirbelte Leute zufällig treffen und es heißt: »Was, der Blitz! Das ist ja die Gustel aus Blasewitz!« Und er, der »Musjöh«, ist dann auch noch »der lange Peter aus Itzehoe!« Oder wenn später – wie ein vorüberfliegender Funke, eine Andeutung kommender Verhängnisse, das schwelende Wort ›Verschwörung‹ fällt, und die Marketenderin greift es auf:

»Eine Verschwörung? Du lieber Gott,
Da können die Herrn ja nicht mehr zahlen!«
»Freilich, es wird alles bankrott ...«,

antwortet der Wachtmeister. So furchtbar zeitfern scheint mir das nicht zu klingen.
Die Historiker sind mit Recht verwundert, daß Schiller in seiner Wallensteintragödie die geschichtliche und menschliche Wahrheit genau so getroffen hat, wie man sie heute kennt, und zwar aus Archiven und Quellen, die ihm keineswegs zur Verfügung standen. Aber wer sollte wissen, »wie es wirklich war«, wenn nicht der Dichter – auch ohne dabeigewesen zu sein oder es genau erfahren zu haben. Eignes Erleben kann trügerisch oder verwirrend sein, Quellen trübe, Berichte von Augenzeugen falsch. Nur dem Dichter mag sich die Wahrheit entschleiern, weil es ihm immer auf die innere, die wesentliche, eben die menschliche, und auf die des Schicksals, das heißt der höheren Bestimmung ankommt.

Im Herbst 1798, genau zehn Jahre nachdem sein letztes Stück, der ›Don Carlos‹, über die Bühne ging, wird in Weimar ›Wallensteins Lager‹ uraufgeführt, nach ein paar Monaten die ›Piccolomini‹ und der ›Tod‹. Was jetzt folgt, in den sechs Jahren, die er noch zu leben hat, ist eine Gebirgskette von Dramen, mit gewaltiger Hand errichtet, Gipfel um Gipfel, bis zu dem höchsten und steilsten, dem jäh vom Tode abgebrochenen ›Demetrius‹.
Ich habe nicht vor, die Inhalte dieser Stücke zu erzählen oder sie womöglich zu analysieren, wozu Stücke nicht geschrieben werden – den hier Versammelten sind sie ohnehin bekannt, und sollte mein Wort fernere Hörer erreichen, die sie nicht kennen, so möchte ich ihnen nur raten: gehen Sie hinein – in diesem Jahr gibt es ja reichlich Gelegenheit – und Sie werden Überraschungen erleben, – größere vermutlich als im neuesten Beckett oder Ionesco. Womit nichts gegen diese gesagt sein soll, – eben nur, daß man bei ihnen nicht unbedingt auf Überraschungen gefaßt sein muß. Bei Schiller: immer und überall. Man höre sich nur aufs neue das berühmte Streitgespräch der Königinnen aus der ›Maria Stuart‹ an – ohne die durch Gewohnheit eingefrorenen Striche einer hundertjährigen Dramaturgie –, wie Schiller da, was ihm sonst wenig lag, aus zwei urverschiedenen Charakteren leidenschaftliche Weibsnatur eingefangen hat, – denn es ist ein Mißverständnis, wenn jemand glaubt, diesen Dialog auch in den Streit der Fischweiber übertragen zu können: hier geht es nicht um Interessen, nicht mehr wirklich um die Krone, und nur noch am Rand ums Leben – es ist der entfesselte Kampf zweier Frauen um einen Mann –, und Goethe ist mit seiner bekannten, entzückenden Respektlosigkeit von den »zwei Huren« der Sache viel näher gekommen.
»Ich fange endlich an, mich des dramatischen Organs zu bemächtigen«, schreibt Schiller, als er die ›Stuart‹ vollendet hat, »und mein Handwerk zu verstehen ... Ich hoffe so, das Versäumte hereinzubringen, und wenn ich das fünfzigste Jahr erreichen kann, noch unter den frucht-

baren Theaterschriftstellern einen Platz zu verdienen ...« – ein Satz, der durch seine völlig unverstellte, mit keinem Widerspruch kokettierende Selbstbescheidung zu Herzen geht. Zwei Stücke im Jahr, so spekuliert er, werde er mit seiner jetzt sicherer gewordenen Technik leicht schreiben können, und er beginnt schon zu überschlagen, wieviel ihm das für seine Haushaltskasse einbringen könnte. Denn obwohl ihm der Herzog Karl August jetzt für seine sporadische Theatertätigkeit eine Rente zahlt, kommt er mit seiner wachsenden Familie immer noch nicht aus den Geldschwierigkeiten heraus. Wenn man solche Nebenarbeiten wie die Neufassung der ›Turandot‹ nach Gozzi, die Neuübersetzung des ›Macbeth‹, die Verdeutschung der ›Phädra‹, des ›Parasit‹ und des ›Neffen als Onkel‹ dazurechnet, kommt man mit seinen großen eigenen Werken zusammen tatsächlich fast auf eine solche Zahl.
»Wenn ich das fünfzigste Jahr erreichen kann« ... immer wieder klingt dieser angstvolle Satz, diese schwache, begrenzte Hoffnung, dieser Notruf, diese flehentliche Bitte ans Schicksal in seinen Briefen auf – es erscheint ihm, der in immer kürzeren Intervallen von Krankheitsanfällen, Schmerzen, Krämpfen, Koliken, Fieberschauern, quälender Schlaflosigkeit, arbeitstörendem Husten und Atmungsbeschwerden heimgesucht wird, die äußerste Grenze. Wenn ihm vergönnt sei, das fünfzigste Jahr zu erreichen, schreibt er noch in seinem letzten Lebensjahr an Körner –, dann könne er vielleicht, dem Stand seiner jetzigen Arbeit entsprechend, seiner Familie eine kleine Versorgung hinterlassen ... Es ist ihm nicht vergönnt. Seine enorme, unbeschreibliche Arbeitsleistung ist ein Wettrennen mit dem Tod, ein fortgesetztes Ringen mit der Krankheit. Wüßte man es nicht, man könnte nichts davon ahnen, wenn man die Festigkeit, Straffheit, Klarheit, den plangetreuen und doch niemals pedantischen Bau, den sicheren Wurf und die sichere Ausführung bis in die kleinsten Details betrachtet, die diese in seinen letzten, fiebrischen, gequälten, rastlosen Arbeitsjahren entstandenen

Werke unvergänglich machen. Dabei gibt es bei ihm keine Klage, kein Selbstmitleid über sein Los, nur nackte, manchmal fast brutale Feststellung, und darüber hinaus, es jagt dem Betrachtenden fast einen Schauer, einen Schreck über die Haut, gibt er sich immer wieder, und empfindet's wohl auch so, mit einer mehr als beherrschten, mit einer bald sprühenden, bald gelassenen Heiterkeit. Der ältere, kranke, schon hinsterbende Schiller ist ohne Zweifel für seine Mitwelt ein weitaus liebenswürdigerer, umgänglicherer, auch in jeder Weise eleganterer Mensch, als es der junge, hektische, ungegorene sein konnte, und Goethe wird, in der Erinnerung, nicht müde, die grandeur und die immer präsente, immer hellwache und faszinierende Persönlichkeitsstärke des Frühverstorbenen zu preisen: »Er war am Teetisch so groß, wie er im Staatsrat gewesen wäre.«

»Gebt mir Märchen und Rittergeschichten, da liegt doch der Stoff zu allem Schönen und Großen!« heißt es in einer seiner späten Äußerungen. Die ›Jungfrau von Orléans‹ hat etwas von beidem. Ein Stoff, der immer wieder große Dichter und Künstler beschäftigte, bis zu den ernsthaften Vorkämpfern des artistisch gestalteten Films. Doch scheint mir gegenüber allen späteren Bearbeitungen und Umgestaltungen – der menschlich-politischen von Shaw, der didaktischen und dennoch poetischen von Brecht, den theatergebrauchsamen von Anouilh und anderen Zeitgenossen – die Schillersche Johanna trotz oder grade wegen ihrer gewissen Simplifikation und der bei Schiller sonst seltenen, ungebrochenen Naivität die dichterisch machtvollste zu sein. Wird hier nicht ein Ur-Märchenmotiv angeschlagen: die Begnadete, mit Zauber- oder Heilgewalt Ausgestattete, die ihre Kraft verliert, wenn sie in Liebe fällt?

Wenn Goethe wirklich die ›Jungfrau‹ für Schillers bestes Stück gehalten haben sollte, wie dieser meinte, dann hatte er wohl nicht ganz recht. Doch wo in der ganzen deutschen Literatur gibt's eine grandiosere Szene als die vom

Tode des Talbot, den Schiller mit Worten von einem so radikalen, illusionslosen Pessimismus aus der Welt gehen läßt, wie sie kaum Shakespeare einem Sterbenden in den Mund gelegt hätte:

»– – – So geht
Der Mensch zu Ende – und die einzige
Ausbeute, die wir aus dem Kampf des Lebens
Wegtragen, ist die Einsicht in das Nichts,
Und herzliche Verachtung alles dessen,
Was uns erhaben schien und wünschenswert.«

Hier tritt uns ein anderer Schiller entgegen als der des Marquis Posa: ein Todgeweihter, der seine Erkenntnis von der Einsamkeit aller geistigen Größe, der Vergeblichkeit aller Mitteilung, mit hinüber nimmt:

»Verflucht sei, wer sein Leben an das Große
Und Würd'ge wendet und bedachte Plane
Mit weisem Geist entwirft! Dem Narrenkönig
Gehört die Welt!«

Er weiß es. Er spürt es am eignen Leib. Er beginnt, trotz stärkerer Berührung mit dem Theater, trotz rauschender Erfolge, zu vereinsamen. Holde, beglückende Begegungen, wie mit Novalis, mit dem jungen Hölderlin, dem »liebsten seiner Schwaben«, verschwinden mehr und mehr aus seinem Leben. Es kommt zu Brüchen, sogar – nach Austausch wunderbarer Briefe – mit Herder. Mit den Philosophen von Jena, Fichte, später Schelling, hatte er ohnehin nur lockeren Kontakt, und zu den Romantikern nie eine wirkliche Beziehung, was gegenseitig war: im Jahr 1796 kündigte er August Wilhelm Schlegel, obwohl er ihn respektierte, die Freundschaft auf, da er sich von seinem Bruder Friedrich insultiert fühlte. Nie aber bis zu seinem Ende lockerte sich das geistige Band, das sich zwischen ihm und Goethe geschlungen hatte, und es blie-

ben ihm, als Säulen der Freundschaft und des Verstehens, zwei treue und große Männer: Körner, und Wilhelm von Humboldt.
Was ihn am Leben hielt, war die Arbeit, das Bewußtsein des noch unvollendeten Werks, die Fülle des noch ungestalteten Stoffs, der sich in ihm gehäuft hatte. Ob wirklich, wie er glaubte und schrieb, das jahrelange Studium, die Objektivierung des Geistes durch Aneigung und Erweiterung der Kantschen Philosophie, vor allem die durchgreifende Befassung mit der antiken Tragödie ihn zur großen dramatischen Leistung erst befähigt hat – wir wagen es zu bezweifeln. Schiller selbst hat später, in einem Brief an Wilhelm von Humboldt, geschrieben, er sei jetzt »unphilosophisch genug«, alles, was er selbst und andere von der Elementar-Ästhetik wüßten, »für einen einzigen empirischen Vorteil, für einen Kunstgriff des Handwerks hinzugeben«. Die ›Braut von Messina‹, so bewundernswert in der Erfindung und Konstruktion, ist wohl grade durch die bewußte Anlehnung ans antikische Muster keines der überzeitlichen, der auch heut noch unmittelbar zu uns sprechenden Dramenwerke geworden. Hätte er statt dessen die ›Braut in Trauer‹ ausgeführt, ein tolles Ding von einem hemmungslos kolportagehaften Entwurf zu einem ›zweiten Teil‹ der Räuber, so wäre vermutlich dem heutigen Betrachter mehr Spaß daraus erwachsen. Schon in der Mannheimer Zeit, in seinen mehr oder weniger bittstellerischen Briefen an Dalberg, im Jahr des versagenden Fiesco, hat er eine ›Fortsetzung‹ der Räuber verheißen, in der zwar mit Mord und Totschlag nicht gespart, jedoch schließlich alles zur moralischen Entsühnung gebracht werden sollte – gleichsam die Hollywood-Fassung der Räuber unter dem beruhigenden Motto: ›Crime doesn't pay‹ – das Räubern lohnt sich nicht. Wie angenehm, wenn man so große Gestalten auf menschlichen Schwächen ertappt, wie vertraut, wie liebenswert erscheinen sie durch solche kleinen Hilf- oder Schamlosigkeiten, wie gütig gestatten sie uns, sich ihnen dadurch

ein wenig näher, nicht ganz und gar von ihrer Größe erschlagen und niedergebeugt zu fühlen ...
Überhaupt die Entwürfe, die Skizzen, die unausgeführten dramatischen Pläne und Ideen, die sich gerade noch in diesen letzten Jahren, neben all der planbewußt durchgeführten Arbeit, in seinen Schubladen gehäuft haben! Da gibt es ein ›Seestück‹, ein Flibustierdrama, das auf einem Schiff im offenen Meer spielen sollte und in dessen Schlußnotiz es heißt, hier solle »die rohe Güte« dargestellt werden, also wohl eine Gestaltung menschlicher Primitivität, wie sie sonst in seinem Werk nur durch Nebenfiguren angedeutet ist. Es gibt ein mit vielen Anmerkungen versehenes Fragment ›Die Polizei‹, das in der Verbrecher- und Kriminalistenwelt des damaligen Paris spielen sollte, und das in zwei Anlagen geteilt war, die sich in der Ausführung wohl vermischt hätten: das Trauerspiel, das Lustspiel ... Einiges darin klingt wie das Exposé oder ›treatment‹ zu einem großartigen Kriminalfilm, nicht zuletzt die Aufzählung der zweiunddreißig hineinverwickelten Typen, aus denen sich noch unendlich viel mehr handelnde Personen ergeben hätten – ich empfehle professionellen Filmautoren oder -herstellern, es sich anzuschauen, es stecken ein paar Dutzend ›stories‹ drin und es ist nicht mehr tantièmenpflichtig ... Was für eine Fülle von Phantasie, von wuchernder Einbildungskraft, aber ebenso wucherndem Ausdruckstalent, das auch beim flüchtig hingeworfnen Ideenspiel immer sofort eine frappante Formulierung, eine handfeste zeichnerische Linie und eine spürbare, tiefere Hintergründigkeit erzeugt, etwa bei einem anderen, sehr weit vorgetriebenen Entwurf ›Die Malteser‹, in dem, als Nebenhandlung zur heldischen Aktion der Ordensrettung durch La Valette, ein äußerst heikles Thema, die Homoerotik, die Geschlechtsliebe zwischen Männern angerührt werden sollte, er unterscheidet dabei sogar zwischen »Liebhaber« und »Geliebtem«. Beispiellos ist der Fleiß und die Gründlichkeit, mit der beim ersten Entwurf zum ›Demetrius‹ in seitenlangen,

wohldokumentierten Notizen russische Folklore, Zeremonien, Wortbedeutungen, Strafvollzugsmethoden, Hof- und Volksbräuche, Anmerkungen über Kostüme, Kirchenmusik, Klosterregeln, Fastengesetze, Tänze, Totenweihe, Münzformen, Währung, Gebets- und Gottesdienstritualien, sogar deutsche Wortabwandlungen für russische Sprachbilder und schließlich ein solches Arsenal an russischen Sprichwörtern verzeichnet werden, daß ein heutiger Parteiredner damit auskommen könnte.
Goethe, der an all seinen geistigen Abenteuern teilnehmende, und doch auf anderem Ufer verbleibende Gefährte, schaute diesen fiebrischen Ausbrüchen der Produktivität, dieser pulsjagenden Arbeitswut, diesem Wüten gegen die eigne Kraft und Substanz mit Bedenken zu, wohl wissend, daß man es nicht ändern oder aufhalten könne ... »Er war ein wunderlicher großer Mensch«, äußerte er später, als er sich über seinen »ihm von den Räubern noch anklebenden, gewissen Sinn für das Grausame« ausließ, der, wie er sagt, »ihn selbst in seiner schönsten Zeit nie ganz verlassen wollte ...« Doch lag diese Neigung zum Grausamen, die sich auch mit dem liebenswert Knabenhaften seines Charakters berührt, nur in den Traumgründen seiner Phantasie – niemals prägte sie sich in seinem Verhalten gegen Mitmenschen aus, und mit Ausnahme seiner bekannten Kritik über Bürgers Gedichte, in der er ja auch nur um einer von ihm so gesehenen Sache willen verletzend wurde, ist aus seinem ganzen Leben kein Fall bekannt, in dem er einen Menschen wissentlich oder fahrlässig gekränkt hätte.
Grausam, erbarmungslos war er nur gegen sich selbst, er zögerte nicht, seinen Leib und seinen Geist bis zur Erschöpfung zu mißhandeln, um sich wie ein vom eignen Ehrgeiz und von der Peitsche eines über ihm herrschenden Willens gehetztes Pferd durch ein Ziel zu treiben, vor dessen Erreichung er doch zusammenbrechen mußte.
Goethe, der in seiner herrlichen Selbstbezogenheit dem Toten über den Verlust, den er ihm durch sein Sterben

zugefügt hatte, ein wenig grollte, hieb noch fünfzehn Jahre später mit der geballten Faust auf den Tisch, als er von Schillers Arbeitsweise, bei der Abfassung des Tell, erzählte, denn er maß diesem Raubbau an Körper- und Geisteskräften, wohl teilweise zurecht, die Schuld an Schillers raschem Verfall bei. Vierzehnstündige Arbeitszeit jeden Tag, dabei keineswegs in völliger Klausur, sondern durch familiäre und offizielle Verpflichtungen, Besuche, Korrespondenz unterbrochen ... Wenn er müde ward, schlief er, den Kopf auf die Arme gelegt, am Schreibtisch ein, ließ sich dann starken Kaffee bringen, um in erneute Trance zu kommen, und schaffte weiter ... So war, wie Goethe erzählt, in sechs Wochen das grandios gebaute, breit und mächtig angelegte Versdrama, zu dem er eine riesige Vorarbeit bewältigt hatte, vollendet ... Aber, fügt Goethe bewundernd hinzu, – es war auch aus einem Guß!

Man mag von Zitaten halten, was man will, man mag Zitate gebrauchen oder lieber nicht – jedenfalls handelte es sich bei ihrer Entstehung jeweils um sprachliche Prägungen von absoluter Sicherheit des Ausdrucks und allgemeiner Gültigkeit des Gehalts. Es ist nicht ganz so, wie Otto Ludwig meint, daß »die Sentenzen an der Schillerschen Dichtung hängen wie glitzernde Glaskugeln an einem Weihnachtsbaum«. Dieser in einigen Wochen – nicht hingeworfene, sondern in rastloser Schwerarbeit geschmiedete ›Tell‹ hat anderthalb Jahrhunderte mit seinen Leitsätzen versorgt, die nicht als solche gedacht waren, sondern als handlungsbedingte und handlungstreibende Aussprüche einzelner Charaktere. Wäre jedoch der ›Demetrius‹ fertig geworden, so hätte es wohl weniger daraus zu zitieren gegeben, jedoch es wäre uns – trotz Kleist – das großartigste Meisterwerk deutscher Dramatik hinterblieben. Obwohl ganz anders geartet und unvergleichbar, – steht er doch als ein ähnlicher erratischer Block neben dem zweiten großen Fragment der deutschen Literatur, dem ›Robert Guiskard‹, in dem Kleist, mehr noch als in jedem seiner vollendeten Werke, die ganze Gewalt seines dramatischen Ingeniums, die ganze Kühnheit seiner himmelstrebenden Architektur angedeutet hat. Schiller hatte den ›Demetrius‹ schon in großen Zügen entworfen, und – wie das seine Art war – die geplante Durchführung ziemlich genau aufgezeichnet. Hier, seit den ›Räubern‹, ist sein Genie, ja sein Dämon – seine unheimliche, beklemmende, und schließlich doch befreiende Gewalt der Konzeption und der furchtbaren Konsequenz, zum ersten Mal wieder ganz entfesselt. Es ließ ihn nicht los, bis zur Todesstunde. Als er die Augen schloß, lag auf seinem Schreibtisch ein Manuskriptblatt mit dem Monolog der Marfa.

In seinem ersten Grundriß zum ›Demetrius‹ findet sich eine Idee von unerhörter Kühnheit, man könnte sagen, von erschreckender ›Modernität‹, daß nämlich zuletzt, nachdem Demetrius, durch Marfa entlarvt, sein Ende gefunden hat, in einer knappen, epiloghaften Szene –, ein zweiter, anderer, neuer ›falscher Demetrius‹ erscheint, und – wie Schiller es ausdrückt – »gleichsam das Alte von neuem beginnt«, so daß also die Tragödie am Schluß zu ihrem Anfang zurückkehrt und das Symbolhafte des Vorgangs verewigt wird. Das Symbolhafte des ›Demetrius‹ aber leuchtet unheimlich ins Wesen des Künstlers, des großen Menschen überhaupt, bei Schiller also ins eigene Ich. Kommt nicht jeder wahrhaft Schöpferische einmal in die Seelenlage des ›Demetrius‹, der zu zweifeln beginnt, ob er der echte sei, und – im tragischen Fall – gar erfährt, daß er's nicht ist, in einem Augenblick, in dem ihm, nicht nur um seiner selbst, sondern der Sache willen, keine Umkehr mehr möglich ist und er der echte sein *muß,* weil ihm auferlegt wurde, ihn zu spielen? Denn, wie Herakles, weiß keiner bis zum Ende, ob er wirklich ein Göttersohn ist. Daß Schiller die Qualen der Selbstbezweiflung kannte, wissen wir wohl – doch welche höllischen Abgründe es gewesen sein mögen, die er durchtauchen mußte, gerade wenn er sich selbstgewiß und herausfordernd gab, bleibt das dunkle Geheimnis seiner Seele.

Wenn man sich mit einem Künstler, einem Dichter, einem großen Mann aus vergangenen Zeiten beschäftigt, macht man wohl gern den Versuch, ihn sich vorzustellen, wie er tatsächlich und wirklich aussehen würde, – zum Beispiel heute, jetzt, hier, durch eine Tür eintretend, nicht im Kostüm seiner Epoche, sondern im Alltagsgewand unseres Lebens, ein Mensch dieser Zeit. Merkwürdigerweise, so scheint mir, ist das bei Schiller möglich – trotz vieler nichtssagender oder falsch idealisierter Bildnisse. Bei Goethe nicht. Schiller ist vorstellbar, als reale Person – so wie er etwa im Miniaturbildnis auf einer Brosche seiner Frau ausschaut, oder – mit kränklicher Hautfarbe und großen, traurigen Augen – auf einem Ölbild von unbekannter Hand aus der Jenaer Zeit – oder auf einer Zeichnung aus seinem letzten Lebensjahr, die Johann Gottfried Schadow in Berlin gemacht hat –, während andere, unrealistische Darstellungen, wie die berühmte Büste von Dannecker oder die späte und doch ganz jünglingshaft wirkende von Christian Friedrich Tieck, ihn durchaus von innen her, seinen Geist, seine Seele, sein erstrebtes Charakterbild konkretisieren.

So wie Dannecker ihn gebildet hat, wollte er sein, und war er in seiner poetischen Vollendung – so wie Schadow ihn zeichnete, hat er gelebt, und ist er gestorben. Das ist der todbereite, doch geistig noch ganz durchflammte, von unheimlichen Energien und Spannungen geladene Kopf – mit schon gelichtetem, widerspenstigem, fast borstigem Haupthaar – und mit einem Auge, das – wissend und ungerührt – der ›furchtbaren Ewigkeit‹ entgegenblickt, die er früh schon erwartet und angerufen hatte. Und doch ist – außer dem struppigen, dem ausgehöhlten, dem ›felsigten‹ –, auch der *junge* Schiller in diesem späten Gesicht – der trotzige, kühne, rebellische –, in seinem entschlossenen Kinn, in der ungebogenen, strichgeraden Mundlinie, der scharfen Braue, der angriffig vorspringenden Nase – das ist der *ganze Mann,* dem – im Gegensatz zu Goethe – nichts von weiblicher Elastizität der Seele, nichts ›Androgynes‹ anhaftete. Auch aus den Zeugnissen der Zeitgenossen läßt sich immer wieder sein Bild erkennen – so wenn Lavater von dem »vielbedeutenden Gesicht und der bescheidenen Gestalt« spricht – oder Jean Paul vom »Cherubim mit dem Keime des Abfalls«.

Goethe – trotz der unzähligen Bilder und Schilderungen kann man ihn, glaube ich, in seiner *Wirklichkeit* nicht erkennen – weder den jungen Herrn im grünen Reitgewand, noch den Italienreisenden mit seinem Malgerät, am ehesten noch den Alten, Altersweisen, Altersgefurchten, aber auch der verschwimmt zu vielen Gesichtern, oder gerinnt zu einem, das nicht mehr irdisch ist. Man kann sich auch Zeus, Jupiter, nicht vorstellen, wie oft er immer ausgehauen oder gemeißelt sein mag – das sind Sinnbilder, Gleichnisse, Erscheinungen, es ist nicht die Person. So kann ich mir einen Baum, eine Wolke, einen Flußlauf, eine Landschaft ausmalen: aber nicht alles zusammen, Himmel und Erde, die ganze Natur, die Welt. Und kommt da nicht plötzlich Schiller, dem sich zu nähern erst so schwer erschien, viel menschlicher zu uns heran, viel erkennbarer, trotz seiner ozeanischen Größe, viel dichter ans Herz, durch seine Schwächen, sein Schicksal, sein Leiden?

»Zu Schiller kann man nicht Auge in Auge sehen«, sagt Rudolf Borchardt, »sondern nur zu ihm hinauf.« – Sieht man aber zu ihm hinauf, erblickt man die Person, in ihrer einmaligen, irdischen Gestalt.

Sein Dichterbildnis ist, im Lob wie im Tadel, im Guten wie im Bösen, viel verschieft und verzeichnet worden: die Aktivisten des ›Jungen Deutschland‹ haben ihm unrecht getan, auch Heine mit seiner zugespitzten Kritik über Schillers »Exzesse der Nüchternheit« ... Ebenso verfehlt und töricht war es, ihn zum ›Nationalbarden‹ zu machen – ja es war eine Fälschung: zu seiner Zeit gab es noch keine deutsche Nation, sie wurde eben erst von Fichte konzipiert, und die Großen von Weimar hielten sie weder für erreichbar noch für wünschenswert. Was ihnen vorschwebte, war eine Kulturgemeinschaft in deutschen Landen, zusammengehalten durch den Strom der Sprache und das geistige Band, ein größeres Deutschland der Wissenschaft, der Forschung, der Gelehrsamkeit, der freien Künste – denn dazu, zur Geistesrepublik, nicht zur politischen Machtentfaltung, schien ihnen der Deutsche begabt und berufen. Grillparzer, der in seiner Dramatik ganz von Schiller herkam und ihn unendlich verehrte, hat, vor hundert Jahren, anläßlich der Feier von 1859, vor dem Mißverständnis, dem Mißbrauch gewarnt, der durch die ›Deutschbewußten‹, so etwas gab's schon damals, mit ihm getrieben wurde. Schiller selbst jedoch hat – in den Notizen zu einem geplanten, ungeschriebenen Hymnus zur Jahrhundertwende von 1800 – mit klaren, unmißdeutbaren Worten hinterlassen, was er dachte und glaubte. Da heißt es:

»Abgesondert von dem Politischen hat der Deutsche sich seinen eignen Wert gegründet, und wenn auch das Imperium unterginge, so bliebe die deutsche Würde unangefochten. Sie ist eine sittliche Größe, sie wohnt in der Kultur und im Charakter der Nation, die von ihren politischen Schicksalen unabhängig ist – und indem das politische Reich wankt, hat sich das geistige immer fester und vollkommener gebildet.«

Uns Deutschen der heutigen Zeit, nach allem, was wir erlebt haben und was noch vor uns liegt, mögen diese Sätze tief zu Herzen gehn – als eine Tröstung und eine Mahnung zugleich.

Und weiter (auch dies aus dem Entwurf zur Jahrhundert-Hymne): »Das köstliche Gut der deutschen Sprache, die alles ausdrückt, – das Tiefste und das Flüchtigste, den Geist, die Seele, – die voll Sinn ist! Die Sprache ist der Spiegel einer Nation: wenn wir in diesen Spiegel schauen, so kommt uns ein großes, köstliches Bild von uns selbst daraus entgegen.«

Dies ist keine ›nationale Überheblichkeit‹, es ist das be-

gründete Selbstbewußtsein, das uns oft ebenso fehlt wie die natürliche Selbstbescheidung, und beides ist uns von Schiller vorgelebt worden.
Ob Schiller, wie man es manchmal ausdrücken hört, »uns heute noch etwas angeht«, steht gar nicht zur Frage – die Frage ist, ob wir ihn etwas angehen, das heißt, ob wir seiner noch wert sind. Es kommt auch nicht darauf an, wie wir Schiller heute sehen – wichtig ist, wie er uns sieht, nämlich wie der in seinem Werk versammelte Geist uns anschaut, und wie wir davor bestehen.
Denn er schaut uns an – unsere gegenwärtige Welt, mit einer ernsten und strengen Forderung, in der doch ebenso das – wie Stifter es nennt – »milde Gesetz des Lebens« enthalten ist.
»In seinen Taten malt sich der Mensch, und welche Gestalt ist es, die sich in dem Drama der jetzigen Zeit abbildet? Hier Verwilderung, dort Erschlaffung, die zwei Äußersten des menschlichen Verfalls und beide in einem Zeitraum vereinigt ...«
Das klingt, nach hundertsiebzig Jahren, verdammt aktuell, und ebenso mag mancher Heutige die Ohren spitzen, wenn er liest, was Schiller in einem Distichon der schon erwähnten ›Votivtafeln‹, im Jahr 1796, unter dem Titel: ›Jetzige Generation‹ zu sagen hatte:

War es immer wie jetzt? Ich kann das Geschlecht nicht begreifen. Nur das Alter ist jung, ach! und die Jugend ist alt.

Schillers Jugendempörung ist für uns, sofern wir uns Jugend bewahrt haben, noch ebenso aufrüttelnd wie sie für seine eigne Zeit war, auch wenn Tyrannei und Bedrükkung sich heute in andere Gewänder kleiden als in die des damaligen Absolutismus. Sein Weg zur Selbstformung ist und bleibt ergreifendes und immer wieder forderndes Beispiel – denn wer kann sagen, er habe in seinem Leben genug an sich geformt –, sein sehnsuchtsvoller Ruf nach der »Schönheit als Tor zur Freiheit«, nach einer Harmonisierung des Lebens, die ihm selbst nie zuteil wurde, ist so verbindlich für jeden Einzelnen unter uns, wie er es vor Jahrhunderten gewesen ist und in Jahrhunderten sein wird – solang es noch einen Menschen gibt, der anderes sein will als eine hochfunktionelle Ameise oder Amöbe. »Daß er das unselige Mittelding von Vieh und Engel ist«, so hat der kaum Zwanzigjährige (in seiner Dissertation) das menschliche Wesen definiert. Daß der Mensch sich zwischen diesen Polen entscheiden muß, entscheiden darf und kann, hat er uns mit seinem Leben gelehrt.

Drei Jahre vor seinem Tod wurde ihm – für kurze Frist – ein Lebenswunsch erfüllt, nämlich ein eigenes Haus zu besitzen, es stand in Weimar an der Esplanade, und er bezog es am gleichen Tag, an dem in der Ferne seine Mutter starb, nämlich in Cleversulzbach, wo eine seiner Schwestern mit einem Pfarrer Frankh verheiratet war. Und mehr als dreißig Jahre später fand ein anderer, eben dort eingezogener Pfarrer, Eduard Mörike, das verwahrloste Grab auf dem Dorffriedhof, richtete es her und schmückte es mit einem Steinkreuz, in das er mit eigner Hand gemeißelt hatte: »Schillers Mutter«. Sonst nichts. Daneben ließ er, im Jahr 1841, seine eigne Mutter bestatten. Schiller selbst konnte die Gräber seiner Eltern – der Vater war schon sechs Jahre früher gestorben – nicht mehr besuchen. Sein eignes Leben ging in raschem Absturz dem Ende zu. Doch im vorletzten Jahre – 1804 – es war ihm eben die zweite Tochter geboren worden – packte ihn einmal noch der Drang zu Reisen und Wandern, der Schwerkranke besuchte, in einer Pause vorübergehender Besserung, das damals zum Rang einer geistigen Metropole aufstrebende Berlin, wohnte verschiedenen Aufführungen seiner Stücke bei (wobei ihm ein gewisser parvenuhafter Ausstattungsprunk mißfiel), wurde vom Prinzen Louis Ferdinand zu einem Gastmahl geladen, von der Königin Luise und von Friedrich Wilhelm dem Dritten achtungsvoll empfangen, und kehrte mit einem großzügigen Angebot des preußischen Hofes nach Weimar zurück. Nur ein ebenso großzügiges Entgegenkommen des Herzogs vermochte ihn dort zu halten. Eine Unruhe hatte ihn ergriffen – als hätte er noch etwas Versäumtes nachzuholen ... Er wußte, daß er sterben müsse, vielleicht nicht in seinen Gedanken, aber in seinem Gefühl, in seinem versteckten Wesen, in dem jeder Mensch – und erst recht der geniale – zutiefst weiß, was ihm beschieden ist. Und da sich – an einem Maitag, im keimenden Frühling – der Vorhang über seinem Leben schließt, muß ich an jenen Herbsttag zurückdenken – den besonnten Oktobertag, an dem der junge Dichter mit seinem Freund rheinaufwärts wanderte, beschwingt von den ›Idealen‹, wie er sie später in schmerzlicher Resignation besang:

Wie leicht ward er dahingetragen!
Was war dem Glücklichen zu schwer!
Wie tanzte vor des Lebens Wagen
Die luftige Begleitung her!

Jetzt wird es Abend, die Sonne steht tief, Bodenfeuchte weht auf, als ein zarter Schleier, in dem sie blutrot versinkt.
Da die beiden jungen Leute nach Süden wandern, beglüht sie nur die rechte Seite ihrer Gesichter, die linke ist schon vom grünen Schatten des Stromtals behaucht. Jetzt bleibt er stehn, auf den Freund gestützt, wendet sein volles Gesicht der sinkenden Sonne zu – gehmüde, herzensmatt. In ihm ist schon Nacht. Er weiß all sein Schicksal. Seine Augen sind weit geöffnet, der Mund fest und hart. Mag sein, daß ihm eine kurze Stelle aus den ›Räubern‹ durch den Sinn geht, aus der zweiten Szene des dritten Akts, vor Kosinskys Auftritt, in einer ›Gegend an der Donau‹, durch die Karl Moor schon gehetzt und gejagt ist:
»Da ich noch ein Bube war«, sagt er, in die sinkende

Sonne sehend – »war's mein Lieblingsgedanke, wie *sie* zu leben, zu sterben wie *sie*. (Mit verbissenem Schmerz:) Es war ein Bubengedanke.«

Wir aber, Friedrich Schiller, wir sahen Dich steigen, sinken, und Deinen Tag erfüllen, wie das Weltgestirn.

Die Brüder Grimm

Ein deutscher Beitrag zur Humanität

I
Von der Stille und von der Andacht zum Unbedeutenden, vom Werk und vom Leben

»Das ist das Erste, was mir in Erinnerung tritt, wenn ich meines Vaters oder Onkels gedenke, daß Stille ihr eigentliches Element war«.
Hermann Grimm

Stille ist über die Landschaft ihres Lebens gebreitet, wie der leichte Nebel eines Frühherbstmorgens, der einen Tag vollkommener Klarheit heraufbringt. Stille – nicht Schweigen. Es ist jene Stille, die die leisen Dinge beredt macht, das Verklungene nachschwingen läßt. Das Kullern eines Bachs, das Brechen eines Zweigs, das Knistern welker Blätter, in der Stille der Nacht oder des Nebels ist jeder kleine Laut von einer tieferen Spannung erfüllt. Die Luft scheint durchlebt vom lautlosen Donner des Weltalls. Es ist nicht Grabes-Ruhe, nicht Todes-Stille, es ist die Abgestimmtheit der belebten Welt, die Stille der Werkstatt, der Arbeit, der tätigen Versenkung. Ein Holz knackt im Ofen. Ein zahmer Vogel zwitschert. Eine Fliege summt. Die natürlichen Geräusche wirken am Wesen der Stille mit, machen sie dichter, und drängen sich nicht in ihren inneren Kreis. »Nur das Kritzen der Feder war zu hören«, erinnert sich Wilhelm Grimms Sohn an die Arbeitsstuben der Brüder, »oder bei Jacob manchmal ein leises Hüsteln. Die Züge des einen wie des anderen waren immer in leiser Bewegung. Die Brauen hoben oder senkten sich. Zuweilen blickten sie in die leere Luft. Manchmal standen sie auf, nahmen ein Buch heraus, und blätter-

ten darin. Ich hätte nicht für möglich gehalten, daß jemand es wagte, diese heilige Stille zu stören.«
Es scheint mir reizvoll, von unseren Tagen und unserem Standort aus, sich einen Lebenslauf vorzustellen, dessen Element die Stille war. Kann man sich den Hieronymus im Gehäuse, den Virgil in seinem Bienengärtchen denken, die Welt seiner inneren Gesichte gegen den Ansturm von außen abschließend, wenn über ihm die Luft von den Motoren der Bombengeschwader dröhnt? Im Grund ist wohl kein großer Unterschied, ob in einer Arbeitsstube die Feder knirscht oder die Schreibmaschine klappert. Ob draußen Kosakenhufschlag aufs Pflaster knallt oder die Raupengürtel der schweren Panzerwagen darüber poltern. Auch das Leben der Brüder Grimm – von dem man mit Recht in der Einzahl sprechen kann, denn sie haben wirklich aus ihren beiden Leben ein einziges gemacht – verlief nicht immer in sogenannten ruhigen Zeiten. In ihre Jugend fiel die französische Revolution, der Machtaufstieg Napoleons, die Unterwerfung Europas, die Befreiungskriege. In ihr nahendes Alter die Vorstürme, Rückschläge und Nachwehen des Jahres Achtundvierzig. Der Inhalt ihres Lebens, ihr Werk, scheint davon kaum beeinflußt. Sie bauten daran mit einer leidenschaftlichen Unbeirrbarkeit, für die das Wesen der Zeit in jener aus Vergangenheit, Gegenwart und Zukunft gewirkten Stille vollständig verschmolzen ist. Dabei gehörten sie keineswegs zu der besonders abscheulichen Menschengattung, die wir oder die sich selbst die »Stillen im Lande« nennen, die Gilde der Muffigen und Verschnupften, die ihre eigene Unfähigkeit, sich Gehör zu verschaffen, hinter einer Attitüde hochmütiger Bescheidenheit, nicht ohne heimliches Rachegelüst, verstecken. Die Brüder Grimm versteckten sich nicht und wichen der Welt nicht aus, auch nicht ihrer Zeit oder der Wirklichkeit, aber die Wirklichkeit bestand für sie lediglich im Sinn und im Resultat ihrer Arbeit, für deren Anerkennung und Ausstrahlung sie immer kämpften. Jede äußere Form der Publizität empfanden sie nur als

ärgerliche Störung, sie hatten auch kein Bedürfnis nach Lehrtätigkeit und nahmen nur widerwillig und aus Gründen der Existenz Universitätsstellungen an. »Das Auftreten zu bestimmten Stunden auf dem Katheder«, schreibt Jacob Grimm, als er sich der Göttinger Professur nicht erwehren kann, »hat etwas Theatralisches und ist mir zuwider.«

Noch mehr zuwider war beiden jede Art von Ortsveränderung. Sie hingen an ihrer engsten Heimat, im »Hessischen«, wie die Katzen am Haus. Von Hanau nach Steinau, wohin ihre Eltern mit den sechs kleinen Kindern übersiedelten, war es auch damals kaum ein paar Stunden Kutschenfahrt, Landschaft und Leute, selbst der Dialekt fast gleich. Dabei erzählt einer der Brüder, wie er in der Steinauer Kirche die Augen schloß und davon träumte, daß er nach dem Gottesdienst hinaustrete und wieder in Hanau sei. Er stellte sich auch vor, daß draußen sein in Hanau verstorbener Großvater stehen und ihn ansprechen werde, was ihm weder unheimlich noch erstaunlich vorkam. Im Land der eignen Geburt bleiben die Toten lebendig. Und viele Auswanderer, zu allen Zeiten, haben sich schwerer von den Gräbern der Heimat getrennt als von den Lebenden. Für Leute, die über Sibirien und Japan oder über Afrika und Brasilien, nach Nordamerika auswandern mußten, scheint allerdings die Übersiedlung von Kassel nach Göttingen, vom Hessischen ins Hannöversche, keine ausgewachsene Emigration zu sein. Aber auch Goethes »Deutsche Ausgewanderte« waren nur von einer Seite des Rheins auf die andere verbannt, von wo sie sich sehr heftig zurücksehnten. Entfernung ist ja relativ, und die Trennung selbst, nicht die räumliche Distanz, erzeugt das Heimweh, das Jacob Grimm zum Gegenstand seiner Antrittsrede in Göttingen machte. Es mag wohl auch physiologisch bedingt sein, aber es ist bestimmt keine geographische Quantität. Die Seele sehnt sich vom Nachbarhaus nach dem Ort ihrer Liebe. Nach dem beseelten Ort. Und nur die Beseelung des Allernächsten, des eigen-

sten, sinnlichen Umkreises, gebiert Sprache. Die menschliche Sprache, im Knospen und Blühen, ist in einem sonderlichen Grad mit der Empfindung des Heimwehs verbunden. Wer es nicht kennt, dessen Zunge stockt und stottert. Das Leben der Brüder Grimm war davon durchzogen. In seinem engen Umkreis herrschte die unermessene, die schöpferische Weite des Herzens.
Jacob und Wilhelm waren die beiden ältesten von sechs Geschwistern, Jacob nur ein Jahr früher als der Bruder geboren. Der Vater, Advokat und Stadtschreiber, starb in ihrer Knabenzeit, und da die Familie in dem kleinen Ort Steinau von der Witwenpension zehren mußte, kamen sie zur Gymnasialausbildung nach Kassel. Die Verbundenheit der beiden Brüder hat etwas fast Unbegreifliches, ihre Äußerungen haben die zärtliche Leidenschaft von Liebenden. »Wie Du weggingst«, schreibt Wilhelm, als Jacob Grimm von seinem Lehrer Savigny nach Paris berufen war, »da glaubte ich, es würde mein Herz zerreißen, ich konnte es nicht ausstehen, gewiß, Du weißt nicht, wie lieb ich Dich habe.«
»Lieber Wilhelm«, antwortete Jacob, »wir wollen uns einmal nie trennen, und gesetzt, man wollte einen anderswohin tun, so müßte der andere gleich aufsagen. Wir sind nun diese Gemeinschaft so gewohnt, daß mich schon das Vereinzeln zum Tode betrüben könnte.«
Damals war der eine zwanzig, der andere neunzehn. Und das Merkwürdige ist, daß sie den Entschluß zu dieser untrennbaren Gemeinschaft auch wirklich durch ihr ganzes Leben durchgeführt haben. Jacob, der Stärkere und Bedeutendere in seinem wissenschaftlichen Werk, blieb unverheiratet, und es ist nicht bekannt, auch nicht wahrscheinlich, daß es in seinem Leben irgendeine andere menschliche Beziehung von einigem Belang gegeben hat als die der verwandtschaftlichen Liebe und der geistig beschwingten Freundschaft. Dabei war er in seinen Lebensäußerungen durchaus das, was wir einen »normalen Menschen« nennen würden, vielleicht mit gewissen hypo-

chondrischen Zügen, aber ohne verbiegende, verzerrende oder gar krankhafte Merkmale, noch nicht einmal ein Sonderling. Wilhelm, auch gesundheitlich, körperlich zarter veranlagt, durch lange Krankheits- und Leidensjahre in seiner Jünglingszeit geprüft und verinnerlicht, mehr kontemplativ und dichterisch gestimmt als der in seiner Leistung und Selbstbegrenzung gigantische Bruder, hat mit neununddreißig Jahren geheiratet, eine glückliche Ehe geführt und drei Söhne bekommen, von denen der erste im Säuglingsalter starb. Kennzeichnend ist wohl, für die Tonart und Grundstimmung dieser Ehe, daß er sich die Gattin aus dem engsten Heimats- und Lebensumkreis geholt hat, also kaum eine Neuschaffung, eher eine Erweiterung oder Erfüllung seines Familienstandes. »Ich habe meine Frau schon als Kind gekannt«, schreibt er in seiner Selbstbiographie, »und meine Mutter hat sie als ihr eigenes geliebt, ohne daß sie dachte, sie könnte es jemals werden.« Und während der ganzen Zeit dieser Ehe, bis zu Wilhelms Tod, hat Jacob immerfort mit dem Bruder gelebt, im selben Haus, am selben Eßtisch, Arbeitsstube an Arbeitsstube oder manchmal zusammen im gleichen Raum, ohne daß sich, nach dem Zeugnis der Söhne, jemals der geringste Mißton, die leiseste Schwierigkeit oder Problematik aus dieser seltenen Symbiose ergab. Auch in ihren Gewohnheiten und Neigungen wiesen die Brüder ungewöhnliche Konformitäten auf, und ihre kleinen unterschiedlichen Vorlieben bezogen sich hauptsächlich auf die Farbtöne des Geschmacklichen, die Lieblingsblume, die Lieblingsspeise, die verschiedenen Mineralien, denen sie als Briefbeschwerer auf ihrem Schreibtisch den Vorzug gaben – Jacob liebte Muschelkalk, Wilhelm Bergkristall –, und wenn man genau hinschaut, so hätte es kaum umgekehrt sein können. Nur in einem Punkt differierten sie beträchtlich, der in der Schilderung des Sohnes recht erheiternd klingt, nämlich im Tempo ihrer geliebten Spaziergänge. »Wilhelm ging langsam, Jakob rasch«, schreibt Hermann Grimm, »zusammen sind sie so nie gegangen.« Aber Jacob beschreibt in seiner Rede über das Alter die große Freude, die er jedesmal auf seinen Wegen durch den Berliner Tiergarten empfand, wenn ihm aus der anderen Richtung der auch schon weißköpfige Bruder begegnete, und sie schweigend, nur sich zunickend, aneinander vorüberschritten. Wilhelm langsam, Jacob rasch. In ihrer äußeren Erscheinung waren sie recht verschieden, Jacob robuster und kräftiger, und es scheint ganz natürlich, daß der physisch zärtere, in seiner Jugend durch ein chronisches Asthma und schweres, qualvolles Herzleiden jahrelang mit der Todesnähe vertraute Wilhelm in seinem Temperament mehr Ausgeglichenheit und Harmonie aufwies und auch mehr zur Heiterkeit, zu Spaß, Ulk und Unfug neigte. In ihrem Privatverkehr hatten beide ihre humorigen Neigungen, die sich auch öfters in ihrer Korrespondenz dartun, nicht wie der klassische Dichterkreis um den idyllischen Johann Heinrich Voß, der sich privatim in ungeheuren, gargantuesken Schweinigeleien gefiel, sondern auf eine mehr harmlos-amüsante Manier. So liebte Wilhelm besonders bei geselligen Abenden im Göttinger Gelehrten- oder Schriftstellerkreis gewisse »Hampelmanniaden« aufzuführen, bei denen es nicht an der Veräppelung lächerlicher oder dubiöser Zeitgenossen fehlte; ich stelle mir vor, daß es dem ähnlich gewesen sein mag, was man in Schwabinger Ateliers, bei Münchner Künstlerfesten, ein »Gschnas« nannte, und woraus manchmal sogar Darbietungen von literarischem Zeitinteresse, »Überbrettl«, »Scharfrichter«, »Nachrichter« und ähnliche Kunstspiele, hervorgegangen sind. Ein Herr von Meusebach tat sich bei solchen Gelegenheiten besonders hervor, wohl auch als unfreiwilliger Komiker, denn schon bei seiner bloßen Namensnennung mußte Wilhelm Tränen lachen. Überhaupt zeigt sich bei Wilhelm auch im Verkehr mit großen, bedeutenden Persönlichkeiten und in seinen Erinnerungen an sie – in der Jugend hat er einige Tage in Goethes Nähe verbracht, Bettina und Clemens Brentano, Arnim, die Schlegels, Tieck,

Goerres, Savigny gehörten zu ihrem Freundeskreis – immer eine Art von respektvoller Selbstsicherheit, eine angeborene, liebenswürdige Lebens- und Umgangskunst. Das Verständnisvolle, Hilfreiche, Hellhörige ist ein Hauptzug seines Wesens, auch seines Schaffens, als dessen reinsten, dichterischen Niederschlag wir die Vorrede zu der zweiten Ausgabe der »Märchen« erkennen werden. »Ich glaube, er wäre ein sehr guter Arzt geworden«, sagt Jacob von ihm, »ich ein schlechter, zur Not ein leidlicher Botaniker.«

Jacob war, in jeder Beziehung, von härterem Stoff und schwererem Kaliber. Das gewaltige Werk, das er als Sprachforscher, ja als eigentlicher Begründer und Vater moderner Sprachforschung hinterlassen hat, türmt sich in Blöcken und Quadern. Sein ganzes Dasein war diesem Werk untergeordnet und verschworen, alle seine Lebensäußerungen weisen daraufhin. Schon als Student zeigte er brillante Fähigkeiten, fast spielend, absichtslos und mehr durch Zufall glitt er gleich nach absolviertem Studium in die diplomatische Laufbahn, die er aber bei erster Gelegenheit für einen schlecht bezahlten, jedoch durch ausreichende Freizeit zu privaten Studien verlockenden Bibliothekarposten aufgab. Die Staatskarriere lag ihm nicht, sie war ihm sogar zuwider, weil man dabei, wie er sich ausdrückte, zu viele langweilige Menschen kennenlernen muß. Dabei nahm er nicht nur an allen geistigen und wissenschaftlichen, sondern auch an den politischen Ereignissen und Entwicklungen seiner Zeit den lebhaftesten Anteil, ja, er wurde einmal in seinem Leben, wenn auch in temperierter Form, zum politisch Verfolgten, zum kämpferischen Zeugen für Gewissensfreiheit und bürgerliches Rechtsgefühl, und in seinem Alter wurde er ins Frankfurter Parlament des Jahres 48 gewählt, an dessen unglücklichen Redeschlachten er sich allerdings nie beteiligte. Wenn er öffentlich sprach, dann über ein ganz bestimmtes Thema, einen fest umrissenen Stoff, zu dem er Konkretes, Exaktes, Durchdachtes und gründlich Erarbeitetes vorzubringen hatte. Im Parlament das Wort zu ergreifen oder sich an Debatten und Diskussionen zu beteiligen, entsprach nicht seiner Art. Aber, so schreibt ein anderer Parlamensteilnehmer über ihn, »er wußte so beredt zuzuhören.«

Wie manche zur Erfüllung einer bedeutenden Aufgabe, zur Vollendung eines ungewöhnlichen Werks ausersehene Persönlichkeit, trug er an diesem inneren Ruf, der an ihn ergangen war, wie an einer nie ganz abzuwerfenden Last. Das Werk ist vor solche Menschen wie ein Berg gestellt, den es in grenzenloser Geduld abzutragen gilt, und dessen Schatten immer auf ihre Existenz fällt, obwohl oder gerade weil in der Arbeit selbst ihnen eine Höhe des Entzükkens und der produktiven Lust zuteil werden kann, die anderen versagt ist.

»Ich bin still, einseitig und oft traurig«, schreibt Jacob Grimm von sich selbst. »Für glücklich halte ich mich nicht, allein Gott hat mir im Grund ein heiteres Gemüt gegeben, das gleich wieder ausmauert, wo es Risse und Lücken setzt.« – »Meine Eltern sind mir früh gestorben«, heißt es ein andermal, »und ich habe auch sonst weniges in der Welt, zu dem ich über Berg und Tal reisen möchte.« Er hatte viel, wozu er nicht zu reisen brauchte.

Er hatte die Brüderschaft, die Schaffensgnade und die Begeisterung.

Was die Brüder Grimm geschaffen und uns vermacht haben, geht weit über das Literarhistorische oder Philologische hinaus. Es wächst auch, von der Wurzel seiner Grundanschauung her bis in seine einzelnen Erkenntniszweige, hoch über den allgemeinen Horizont ihrer geistigen Provenienz und Nachbarschaft, der des neunzehnten Jahrhunderts. Selbstverständlich war ihre Denkwelt, ihre wissenschaftliche Methode, dem Strom ihrer Epoche verwandt und bewegte sich vielfach in parallelen Straßen. Trotzdem scheint mir immer wieder das Ergebnis der Grimmschen Sammlung und Forschung, das Wesen der von ihnen nachgewiesenen Gesetze und aufgestellten Regeln, auch die Natur und Eigenart ihrer Thematik, in einer ebenso sachlich-konkreten wie ahnungsvollen Weise mit unserer heutigen, dem neunzehnten Jahrhundert vielfach entwachsenen und entfremdeten Denk- und Anschauungsart zu kommunizieren und ins Zukünftige auszustrahlen. Es ist auch kein Zufall, daß die »Brüder Grimm«, als Name und Begriff, wenn auch vor allem durch die Popularität der Kinder- und Hausmärchen, eine Art Volksgut, ein Symbol des zu Weisheit gewandelten Wissens, der konkretisierten Geistigkeit geworden sind, daß die Vorstellung der Lebensnähe, der menschlichen Blutwärme, unmittelbarer von ihnen ausgeht als von den meisten ihrer bedeutenden Zeitgenossen. Das neunzehnte Jahrhundert: Säculum des Pragmatismus, der Dialektik, des Entwicklungsglaubens, der Fortschrittsvergötterung. Romantik und Rationalismus bilden Unter- und Oberstimme, die machtvollen Eröffnungen der exakten Wissenschaft, die dem Primat der Technik standhalten muß oder es promoviert, geben den Ton an. Und es war schon eine gewaltige Umwälzung, die sie ins Werk setzten, sie pochten mächtig ans Tor der Erkenntnis, sie rüttelten an allen Schranken. Diese großen Eröffnungen – Cuviers vergleichende Anatomie, das Gesetz von der Erhaltung der Energie –, die Lehre von der Entstehung der Arten, von der politischen Ökonomie, von Kapital und Arbeit, die experimentelle Physik, die Grundlagen der Bakteriologie, die Mendelschen Versuche, die gesamte Evolutionstheorie, sie alle streben nach einer mechanistischen Erklärung und Bemeisterung der irdischen Existenz und gleichzeitig nach einem Punkte, von dem aus man die Welt aus den Angel heben könnte. Denn das und nichts anderes würde der Mensch unternehmen, hätte er den Patentschlüssel der Weltmechanik gefunden, ohne gleichzeitig ihren Sinn zu verstehen, der seinem forschenden Blick verborgen bleiben muß, der nur dem ahnungsvollen Tastsinn der Seele, der liebenden Ehrfurcht vor einem ewig waltenden Geheimnis erfühlbar sein mag. Mit den Neufindungen unseres Jahrhunderts, besonders auf dem Gebiet der Physik, der Astronomie, überhaupt der Naturwissenschaft, die zu den eingleisigen Theorien des vorigen teilweise in einem direkten Gegensatz stehen, auch wenn sie aus ihrer Spur hervorgetreten sind – ich denke an die Berechnung der Relativität in Zeit und Raum, die Gleichsetzung von Linie und Kurve, Atomlehre, Gewichts- und Quantenforschung, Entdeckung der kosmischen Strahlen, Verwandlung von Energie in Materie (in allerjüngster Zeit durch die Meson-Versuche aufs erregendste bestätigt), ich denke auch an die morphologische Betrachtung der Natur- und Kulturphänomene, an die Suchlichter und Bohrungen der modernen Psychologie –, mit den Forschungsergebnissen also der jüngsten Entwicklung und im Katastrophenzug der jüngsten Menschheitsgeschichte scheint mir die bange Frage nach dem Sinn, oder aber die ehrfurchtsvolle Anerkennung seiner schöpferisch-göttlichen Substanz, wieder in den Mittelgrund aller geistigen Bestrebung überhaupt getreten. Mit anderen Worten: der Darwinismus oder der historische Materialismus müssen notwendig zu einer atheistischen Weltauffassung führen, die moderne Biologie, Geschichtsmorphologie, Medizin und Physik zu einem tieferen Glauben, zu einer vergeistigten Religiosität.

Die Brüder Grimm, in ihrem Forschungswillen durchaus Kinder ihrer Zeit, waren doch stets von diesem Glauben durchdrungen, ihre Formeln und Regeln zielten niemals aufs rein Mecahnistische hin, sie blieben immer auf den Menschen, das Ding und den Sinn, auf das Lebendige und Organische bezogen, sie waren Vorläufer einer beseelten Wissenschaft. Das Rüstzeug lieferte ihnen ihre scharfäugige Epoche. Jacob Grimm selbst verspürt eine gewisse Polarität zwischen der vergleichenden Anatomie und seiner vergleichenden Etymologie, aber Grimm bleibt nicht im Anatomischen hängen, ihm genügt nicht die Feststellung des Systems oder die Durchleuchtung der Gewebe, er glaubt nicht die Seele durch Aufschneiden des Körpers zu finden oder aber ihre Nichtexistenz durch die Analyse der Drüseninhalte erwiesen zu haben. Für ihn ist die Anschauung des Nächsten, des Dinglich-Erfaßbaren, immer die eines Bildes, das für ein größeres, tiefer verborgenes Bild gesetzt ist. Und das scheint mir auch das Moderne an den Grimms zu sein, daß sie sich weder mit der Mechanik der Vorgänge begnügen, noch nach dem vermessenen Hebelpunkt außerhalb der Welt streben. Sie bleiben stets und mit allen ihren Untersuchungen durchaus innerhalb der Welt, der dichten, greifbaren, sinnlichen Menschenwelt – der Entwicklungsgedanke, dem ihre Sprachforschung nachgeht, ist mehr teleologisch als kausal bestimmt, also einer konkreten Vervollkommnung lebendiger Formen und nicht ihren abstrakten Theoremen nachspürend –, sie sind in ihrer Auffassung von der Möglichkeit mehrerer Ursprachen, der Aufbildung verschiedener Sprachreihen und ihrem genetischen Wachstum, das ebensosehr freies Menschenwerk wie das Walten natürlicher und kreatürlicher Notwendigkeit dartut, ganz nah bei der modernsten Naturerkenntnis, ihr Sinn für das Echte, Wirkliche, Elementarische steht wie ein starker Halm, der Spelzen und Körner tragen muß, ihr eingeborenes Maßgefühl läßt sie das Magische mit dem Leibhaftigen, das Bedeutungsvolle mit dem Gebrauchsmäßigen wunderbar und beispielhaft verbinden. Das Herrliche und Produktive für einen heutigen Schriftsteller, der sich mit ihrem Werk befaßt, ist eben dieser völlige Mangel an abstrahierender Didaktik, und diese fortwährende Bezogenheit auf die Dinge, die Sachen, das lebendige Menschentum. »Sprachforschung, der ich anhänge und von der ich ausgehe«, schreibt Jacob Grimm, »hat mich doch nie in der Weise befriedigen können, daß ich nicht immer gern von den Wörtern zu den Sachen gelangt wäre. Ich wollte nicht bloß Häuser bauen, sondern auch darin wohnen.« In der »Geschichte der deutschen Sprache«, 1848 erschienen, also schon einen Großteil seiner Lebensarbeit umfassend, erklärt Grimm die Methode der »lingui-

stischen Archäologie« und sagt dabei, daß der »Gebrauch desselben Wortes unter verschiedenen Völkern den Bestand einer Sache beweist, in einer Zeit, da sie die wenig unterschiedenen Dialekte einer ältesten Ursprache redeten«. Diese Bezogenheit auf die »Sachen« ist das Lebenselement der Grimmschen Etymologie, aber sie verleiht auch ihrer deutschen Grammatik, ihrer Lautlehre und Formenlehre der germanischen und nordischen Sprachen, die jeweils sprachvergleichend im weitesten Sinne wirkt, und endlich dem »Deutschen Wörterbuch« ihre Körperhaftigkeit, ihre Dichte und ihre Durchblutung. Das heißt, um es allgemeiner zu sagen, die Anschauung der Brüder Grimm, auch im Rein-Wissenschaftlichen, ist immer dichterisch gestimmt, sie zieht das Unerschöpflich-Vielfältige der irdischen Erscheinungen, der Gottnatur, wie auch das Unlogische und Unauslotbare der Menschenseele und ihrer abwegigen, doch niemals sinnlosen Spiele, in ihre Betrachtungsweise mit ein, und sie selbst nannten ihre Liebe zum Irdisch-Mikrokosmischen, zum Erspüren des großen Waltens in den kleinsten und nächsten Dingen, die mannhafte Demut auch, mit der sie immer in den Grenzen ihrer Gaben und des Erreichbaren zu bleiben wußten, mit einem erleuchtenden Goethewort: die »Andacht zum Unbedeutenden«.
Gerade daraus aber erwuchs ihnen der Mut und die Berechtigung zum wahrhaft Bedeutenden, zu einer übergeordneten und distanzierten Betrachtung von Umwelt und Mitwelt, Zeit und Leben, aber auch der Edel-Mut einer inneren Haltung, die das Menschliche in jeder Erscheinung und noch im kritischen Betracht mit den Augen der Güte, des Verstehens und der Brüderlichkeit, des Mit-Leidens und auch der Mit-Freude anblickt. »Mir widersteht die hoffärtige Ansicht«, schreibt Jacob Grimm in seiner Vorrede zur »Deutschen Mythologie« (1835), »das Leben ganzer Jahrhunderte sei durchdrungen gewesen von dumpfer, unerfreulicher Barbarei. Schon der liebreichen Güte Gottes wäre das entgegen, der allen Zeiten

seine Sonne leuchten ließ, und den Menschen, wie er sie ausgerüstet hat mit Gaben des Leibes und der Seele, Bewußtsein einer höheren Lenkung eingoß. In alle, auch die verschrieensten Weltalter wird ein Segen von Glück und Heil gefallen sein, der edelgearteten Völkern ihre Sitte und ihr Recht bewahrte.«

Was für ein Trost liegt in diesem Satz für uns Heutige, die wir doch zweifellos in einem jener »verschrieensten Weltalter« beheimatet sind. Welch ein Beispiel in einer Zeit, die das Gerechte so gern ins Selbstgerechte, das wägende Urteil in den Verdammungsspruch gegenüber ganzen Völkern, Schichten, Ständen, oder ins Einseitig-Alleinseligmachende einer überheblichen und angemaßten Dogmatik verengen und zuspitzen möchte.

»Gerecht gestimmt« zu sein, gegenüber Zeitaltern und Völkern, Denkmälern und Erscheinungen, Dingen und Menschen, ist der Brüder Grimm immerwährendes Bestreben. Hier liegt ihr unvergänglicher Beitrag zu einer *Humanität,* die nicht nur das Humanitäre als ethisches Ideal, sondern das Gesamt-Menschliche in seiner wechselseitigen Beziehung zum Welt-Ganzen, das heißt: zum Göttlichen, umschließt, den kreatürlichen Zusammenhang wieder herstellend, die liebende Ehrfurcht vor jedem einzelnen Leben als Leitstern und Grundlage allen Handelns anerkennend, und in deren Thronerhebung unsre einzige Hoffnung, Friedenshoffnung, Zukunftshoffnung versammelt ist.

II
Von Poesie und Recht

»Poesie und Recht«, sagt Jacob Grimm in den Anmerkungen zu einem seiner reifsten und männlichsten Werke, den ›Deutschen Rechtsaltertümern‹, »sind gemeinsamen Ursprungs.«
Indem er, auf streng philologische Methode, dem dichterischen Ausdruck, den bildhaften und sinnbildlichen Wortschaffungen in den Formeln der altdeutschen Rechts-Sprache, den Weistümern, nämlich Rechts-Weisungen des Volkes in den verschiedenen Stämmen und Sprachgruppen, nachspürt, erkennt und beweist er immer klarer, daß der ursprüngliche Antrieb zur Dichtung, Sprachverdichtung, dem zur Schaffung einer gültigen Rechts-Sprechung, also einer sittlichen Ordnung innerhalb der Gesellschaft, gleichzusetzen ist, ja, daß beide, in seinen Worten, »aus einem Bett miteinander aufgestanden waren«.
Der Rechts-Spruch, der Urteils-Spruch, der über den Anlaß des Einzelfalles hinaus ein dauernder Wahrspruch, Sinnspruch sein muß, das wägende, klärende, scheidende, ent-scheidende Wort, gewinnt durch Plastik und Metrik seine Formelkraft, seine Banngewalt, seine verbindliche Geltung.
Der Weg vom Laut zur Form, von der Sprache als Natur-Ausdruck, als Notwendigkeit, zu ihrer freien Bemeisterung im Dienst göttlicher und menschlicher Sittengesetze, wird hier am konkreten Sachbestand urtümlicher, aus dem Volke selbst erwachsener Rechtsweisungen erhärtet. Alle menschliche Dichtung, ohne ihrem freien Gedanken- und Formenspiel, ihrer weltweiten Fülle, ihrem

unendlichen Schweifen in Phantasie, Vision, Erinnerung und Ahnung, ihren sinnlichen Lustquellen und ihren Niederschlägen seelischer Trauer irgendwelche Grenzen setzen zu wollen, wird hier auf eine gemeinsame und ethische Grundlage zurückgeführt. Das Ethische also und das Ästhetische in der menschlichen Sprache von vornherein seiner scheinbaren Dissonanz, seines künstlichen Gegensatzes enthoben.

Grimm, in seiner Befassung mit den deutschen Rechtsaltertümern vom Geist ihrer Wortbildung, ihres sprachlichen Ausdrucks her, eröffnet gleichzeitig einen faszinierenden Einblick in die Struktur und das Wesen primitiven Volksrechtes überhaupt. Das altdeutsche Recht, nur anscheinend auf der feudalen Herren- und Knechtsmoral fußend, enthüllt ihm in seiner Wirklichkeit einen tief demokratischen Zug. Besitz- und Machtverhältnis, die Beziehung zwischen dem Herrschenden und dem Dienenden, ist auf einer individuellen Rechtsbasis begründet, und, auch wenn durch Erbtum vorgezeichnet, veränderlich, ausgleichbar, wechselseitiger Verpflichtung oder Dingbarkeit unterworfen, und nicht in ökonomischen oder hierarchischen Standes- und Klassengrenzen erstarrt. »Angesichts des Zustandes heutiger Fabrikarbeiter«, schreibt Grimm, der moderne Europäer, ums Jahr 1828, »muß die alte Hörigkeit und Knechtschaft beinah milde erscheinen.«

Selbstverständlich empfiehlt er nicht etwa ihre Wiedereinführung und zieht überhaupt aus seiner historischen Darstellung keinerlei völkisch-regressive Folgerungen. Und doch ist er auch hier, wie Friedrich Schlegel einmal das Wesen des Historikers umschrieb, ein »nach rückwärts gekehrter Prophet«, die Notwendigkeit neuer Rechtsformen für eine zukünftige Gesellschaft erahnend. Ohne die civilisatorische Bedeutung des Römischen Rechts ableugnen zu wollen, macht er es in der Konsequenz seiner sozialen Anwendung für die Verdumpfung und Beschränktheit unserer Bauern verantwortlich.

Das Bewußtsein einer dem Recht, als der Grundlage aller Gesittung, innewohnenden künstlerischen Formkraft – beinah in Erfüllung des antiken Begriffs der Kallokagathia, der Verschmelzung des Schönen mit dem Guten –, die Überzeugung, daß Recht, wenn es einmal Spruch und Satz geworden, beschworen und sanktioniert ist, nicht gebeugt und gebrochen werden kann, geht nicht nur als ein mächtiger Zug durch das gesamte Werk der Brüder Grimm, sondern auch durch ihr persönliches Leben, das von der Idee und dem Gesinnungsgehalt ihrer Arbeit untrennbar ist. So ist auch jener aufwühlende Göttinger Zwischenfall, den Jacob Grimm selbst so empfand, »wie wenn ein Wetterstrahl sein stilles Haus getroffen hätte«, und der ihn fast zum politischen Märtyrer gemacht hätte, mehr aus verletztem und gegen die Verletzung tapfer ankämpfendem Rechtsempfinden als aus eigentlichen politischen Affekten zu erklären. Das Leben der Brüder war bis dahin in verhältnismäßig ruhigen Bahnen verlaufen. Nach der Kasseler Gymnasialzeit, der Marburger Studienzeit, durch Jacobs Pariser Reise und durch erzwungene Kurortbesuche Wilhelms kurz unterbrochen, waren sie beide, bald nacheinander, wieder nach Kassel übergesiedelt, und wirkten dort gemeinsam an der staatlichen Bibliothek, nachdem Jacob die diplomatische Laufbahn endgültig aufgegeben hatte, erst noch unter dem Französisch-Westfälischen König, dann, nach Napoleons Fall, unter dem wieder eingesetzen Kurfürsten. Ihre literarischen Arbeiten und Publikationen, zu denen ihnen die Bibliothekartätigkeit Muße und Studienfreiheit ließ, verschafften ihnen in der gelehrten und gebildeten Welt rasch wachsende Anerkennung, mancherlei Auszeichnung, ja einen gewissen Ruhm, der sich allerdings niemals materiell auswirkte. Ihnen machte das nicht viel aus, sie waren an eine bescheidene Lebensweise gewöhnt und fanden ihre Befriedigung in der Arbeit und deren Anerkennung. Diese Anerkennung fanden sie wohl in den Kreisen ihrer bedeutendsten Zeitgenossen, aber keineswegs bei ihrem

Landesherrn und Brotgeber, dem regierenden Kurfürsten von Hessen-Kassel, der ein recht engstirniger Mensch gewesen sein muß. Schon in dem Anstellungsdekret, das er nach seiner Wiedereinsetzung den Brüdern ausstellte, drückte er – offenbar von Zwischenträgern beeinflußt – den Wunsch oder die Mahnung aus, »daß gedachte bei der Bibliothek angestellt Werdende mehr für die Bibliothek selbst als für sich selbst arbeiten.« So mäßig wie sein Kanzlei-Deutsch blieb auch weiterhin sein Einschätzungsvermögen für die Bedeutung der von ihm angestellt Gewordenen. Er hat die Gelegenheit versäumt, dadurch, daß er sie an seinen Hof gefesselt und ihre Arbeit unterstützt hätte, glorreich in die Geistesgeschichte einzugehen. Ihm war es im Gegenteil zuwider, daß Leute, die er bezahlte, mehr und anderes taten als einfach ihre Amtsstunden abzuraspeln und ihre Dienstgeschäfte zu erledigen, die von den beiden gewiß nicht vernachlässigt wurden. Er hatte das Gefühl, sie studierten, produzierten, publizierten gleichsam auf seine Kosten – er wollte unauffällig pedantische aber keine genialen oder berühmten Bibliothekare. So wurden sie bei Beförderungen und Gehaltszulagen übergangen, zurückgesetzt, in subalterner Stellung gehalten. Trotzdem wären die Brüder Grimm lieber in ihrer gewohnten Umgebung geblieben als sich einer Ortsveränderung zu unterziehen, sie hatten ja als Beamte durchaus keinen Ehrgeiz, aber Wilhelm hatte inzwischen eine Familie gegründet, und die daraus erwachsenen Existenzsorgen zusammen mit dem Drängen der Freunde bewogen sie schließlich, gemeinsam einen ehrenden Antrag an die Göttinger Universität anzunehmen. Anfänglich behagte es ihnen gar nicht in Göttingen, zumal Wilhelm wieder eine schwere Krankheit zu überstehen hatte. »Die hiesige Lebensart will mir nicht recht schmecken«, schreibt Jacob 1830. »In Kassel war vom Kurfürsten abgesehen alles für unsere Natur und Arbeiten günstiger. Es sieht mich hier fremd an aus allen Gassen, und ich möchte manchmal auf und davon.«

Mit der Zeit aber verlor sich wohl das Fremde, man mußte sich gewöhnen, die lebendige Resonanz und Anerkennung bei Hörern und Berufsfreunden, die immer stärkere Bindung an einen Kreis geistig regsamer, aufgeschlossener, zum Teil sogar bedeutender Persönlichkeiten mag das ihrige dazu beigetragen haben, daß man in Göttingen allmählich anwuchs und, ohne Kassel ganz zu vergessen, sich sogar zu Hause fühlte. Aus dieser Zeit stammt ein Satz Wilhelm Grimms, den ich in Amerika mit einer gewissen Trostempfindung las, er lautet: »Treue Ergebenheit für das neu erworbene Vaterland, fühle ich, ist sehr wohl vereinbar mit fortwährender Teilnahme und Zuneigung für das angeborene.« So lebte man acht Jahre, und acht arbeitsame, produktive, ertragreiche Jahre sind eine recht lange Zeit, lang genug, um an einem Ort Wurzeln zu ziehen und ihn sich als Wahlheimat zu adoptieren. Da fiel der Wetterstrahl, der sie aus diesem neu gewonnenen Boden wieder herausriß. Wie oft in allen Zeiten, griffen die Ereignisse einer sogenannten hohen oder großen Politik – als wenn von einem fernen Seebeben die Brecher über eine stille abgelegene Insel schlügen – in höhere und größere Lebens- und Geistesbezirke ein, mit denen sie im Grund gar nichts zu tun hatten, und stellten unbeteiligte Menschen vor harte persönliche Entscheidungen.
Im Jahre 1837 starb König Wilhelm der Vierte von England, Victoria wurde seine Nachfolgerin, die bisherige Hannöversche Personalunion flog auf, und der Herzog Ernst August von Cumberland wurde König des Staates Hannover, zu dem Göttingen damals gehörte. Das alles hatte mit den Brüdern Grimm und ihrer Arbeit gar nichts zu tun. Hannover aber hatte im Jahre 1833 nach langen Beratungen eine Verfassung bekommen, auf die sich der frühere König und die Stände geeinigt hatten, es war keineswegs eine besonders freiheitliche oder demokratische Verfassung, aber sie garantierte gewisse parlamentarische Grundrechte und schien im Licht der damaligen Epoche ziemlich liberal. Dem neuen König nun gefiel diese Ver-

fassung nicht, sie schien ihm seine absolutistischen Rechte zu sehr zu schmälern, und von einem Tag auf den anderen stürzte er sie um, aus einseitiger Machtvollkommenheit, ohne die Stände auch nur zum Schein zu befragen. Seine Maßnahmen wurden von kriecherischen Ministern unterstützt und gedeckt. Niemand wagte ernstlich aufzubegehren. Alle Staatsangestellten, also auch die Göttinger Professoren, hatten den Eid auf die Verfassung abgelegt. Nun forderte der König sie auf, diesen Eid kurzerhand zu brechen. Die Zumutung dieses Eidbruchs war es, viel mehr als der eigentliche Inhalt der umgestürzten Verfassung, die dem Rechtsempfinden der Brüder Grimm unerträglich erschien. Es handelte sich für sie nicht so sehr um den politischen Wert oder Unwert dieser Verfassung, oder der Staatsform, die sie als einen Fetzen Papier behandeln konnte, sondern um eine reine Gewissensfrage. In ihrem politischen Denken und Empfinden waren die Grimms durchaus konservativ – was man ja nicht mit reaktionär verwechseln darf! – aber in ihrem rechtlichen, moralischen, menschlichen Empfinden erwuchs ihnen gerade aus diesem Konservativismus, aus der Treue zum Erschaffenen und Erworbenen, eine unbedingte Standhaftigkeit der Gesinnung. Hier liegt das Beispielhafte in der Aktion dieser »Göttinger Sieben«, denn außer Jacob und Wilhelm Grimm waren es nur noch fünf, die den Mut hatten, ihre Existenz für ein moralisches Prinzip aufs Spiel zu setzen. »Die Freiheit des Christenmenschen«, zitierte Jacob von Luther, »muß uns auch den Mut machen, unserem Fürsten zu widerstehen, wenn der wider Gottes und der Menschen Recht verstößt.« Es wäre ganz falsch, in die Handlungsweise der Brüder Grimm eine revolutionäre Tendenz, eine Kampfstellung für die politische Demokratie, gegen die monarchistische Staatsform, hineinzuinterpretieren. Das lag nicht in ihrem Wesen und ihrem Beruf. Sie kämpften ganz einfach für die Heiligkeit des Eides, für die Sauberkeit der Gesinnung, für die Verantwortlichkeit der Regierung, wie immer sie auch geartet sei, gegenüber dem Volk, den Regierten, für das Recht und für die Freiheit des Gewissens, und sie taten es ohne jede Rücksicht auf ihren eigenen Vorteil, ohne Programm, ohne Rükkendeckung.

Wie sehr hätte man sich in unseren Tagen, gerade unter Universitätslehrern, eine solche Haltung gewünscht! Aber es waren auch damals nur sieben, darunter, außer den Brüdern Grimm, Dahlmann und Gervinus, die die Civilcourage hatten, eine Protestation aufzusetzen, und die denn auch die entsprechende Reaktion von seiten einer weniger couragierten Mitwelt zu ihrem Leidwesen erfahren mußten. »Die Charaktere fingen an sich zu entblättern«, schreibt Wilhelm Grimm, »gleich den Bäumen des Herbstes bei einem Nachtfrost. Da sah man viele, in nackten Reisern, des Laubes beraubt, mit dem sie sich in dem Umgang des gewöhnlichen Lebens verhüllten.« Für heutige Begriffe, da man sich gewöhnt hat, im Fall einer gegen Staatsgewalten protestierenden Persönlichkeit an Lagerhaft, körperliche Züchtigung, Verschleppung, Hinrichtung zu denken, nahm das Verhängnis noch einen verhältnismäßig gnädigen Verlauf. Für damalige Umstände und Anschauungen war es keine Kleinigkeit, aus einer Universitätsstellung fristlos entlassen und des Landes verwiesen zu werden, auch wenn das Nachbarland keine Tagesreise entfernt war. Jacob Grimm, als einer der Rädels- und Wortführer, mußte innerhalb von drei Tagen, unter Androhung von Freiheitsstrafe, mit einem Zwangspaß über die Grenze, die er bei Witzenhausen überschritt, um sich ins Kurhessische und ins angestammte Kassel zurückzubegeben. Dort aber, an der Grenze des Königreichs Hannover, das er in Schimpf und Schande verlassen mußte, erwartete ihn eine Genugtuung, die bewies, daß auch damals das Beispiel einer mannhaften, unabhängigen Haltung unter der Jugend seine Wirkung tat; hunderte von Studenten erwarteten ihn an der Werrabrücke, spannten ihm die Pferde aus und zogen seinen Wagen bis zum Schlagbaum, wo sie ihm eine enthusiastische Abschiedskundgebung bereiteten.

»Gib dem Herrn eine Hand, er ist ein Flüchtling, sagte eine Großmutter zu ihrem Enkel, als ich am 16. Dezember 1837 die Grenze überschritten hatte. Und wo ward ich so genannt? In meinem Geburtslande, das an dem Abend des selben Tages ungern mich wieder aufnahm, und meine Gefährten sogar von sich stieß.« – »Nicht der Arm der Gerechtigkeit, die Gewalt nötigte mich, ein Land zu räumen, in das man mich berufen, wo ich acht Jahre in treuem, ehrenvollem Dienste zugebracht hatte.«

Die Schrift »Über meine Entlassung«, der diese Sätze entstammen und die Jacob Grimm unmittelbar nach den Ereignissen als Rechtfertigung und Anklage verfaßte, konnte trotz ihres gemäßigten Charakters in deutschen Landen nicht veröffentlicht werden. So ließ er sie in Basel erscheinen und von dort aus, soweit möglich, verbreiten. Wilhelm, dem man noch Zeit gelassen hatte, seinen Hausstand aufzulösen, folgte ihm einige Wochen später mit seiner Familie ins Exil, das allerdings für die Brüder Grimm in ihrer eigentlichen Heimat gelegen war. Nun saßen sie wieder in Kassel, ohne Stellung, ohne kurfürstlichen oder königlichen Brotherrn, ohne Einkommen und ohne Ersparnisse, aber mit dem Stolz eines ungebeugten Gewissens und mit verdoppeltem Schaffenseifer. Man sammelte Geld für sie, das sie aber niemals angerührt, sondern wissenschaftlichen Stiftungen zugeleitet haben. Sie brachten sich mit den Erträgnissen ihrer publizistischen Arbeit mühsam durch, und aus dieser Zeit stammt der ihnen wohl hauptsächlich aus Unterstützungsgründen zuteil gewordene Auftrag zur Schaffung und Herausgabe des »Deutschen Wörterbuchs«, unter dessen Last sie denn auch für den Rest ihres Lebens weidlich seufzten. Denn sie hatten unendlich viel anderes zu tun, der Kreis ihrer selbstgestellten Aufgaben schien ohne Grenzen. »Wie wenn Tage lang feine dichte Flocken vom Himmel niederfallen«, klagt Jacob einmal über die aufgezwungene

Arbeit am Wörterbuch, »bald die ganze Gegend in unermeßlichem Schnee zugedeckt liegt, werde ich von der Masse aus allen Ecken und Ritzen auf mich andringender Wörter gleichsam eingeschneit. Zuweilen möchte ich mich erheben und alles wieder abschütteln.«

Dabei haben sie in dem unvollendeten Wörterbuch, von dem sie in mehr als einem Jahrzehnt nur die ersten sechs Buchstaben des Alphabets bewältigen konnten, eine Arbeit von geradezu sagenhafter Gründlichkeit und ingeniöser Stoffdurchdringung geleistet. Wilhelm, dem nicht Jacobs fast barbarische, physische Arbeitskraft verliehen war, übernahm davon nur den Buchstaben D, Jacob bearbeitete A, B, C, E und F. Bei der Arbeit an dem Artikel Frucht, dem Wort der vollendeten Reife, starb Jacob Grimm, es ward seine letzte Ernte.

III
Vom lebendigen Quell

An der Schwelle von Leben und Werk aber, schon in den gemeinsamen Studienjahren begonnen, dann in der Zeit ihrer Kasseler Bibliothekartätigkeit fortgesetzt und vollendet, steht die Sammlung und Herausgabe der »Kinder- und Hausmärchen«, womit die Brüder Grimm nicht nur der deutschen, sondern der gesamten lesenden Welt einen unvergleichlichen Besitz, den echtesten, frischesten, lebendigsten Quell ursprünglicher Volks-Phantasie erschlossen haben. Mir scheint es besonders zaubervoll, daß ein so streng gefügtes Lebenswerk gleichsam mit dem Verspieltesten, Verträumtesten, Mutwilligsten und Sprunghaftesten beginnt. Aber es fügt sich durchaus und geradezu zwangsläufig in die Gesetzlichkeit ihres Werkbaus. Von Anfang bis Ende kennzeichnet das Schöpfen aus dem ursprünglichen Quell, das Sammeln, Sichten und Deuten autochthoner Sprachdenkmäler und unverbildeter Bestände, diesen Werkbau, der auf den Grundpfeilern Poesie und Recht, Volk und Ursprung, unablässig und in einer kaum begreiflichen Vielfalt, zu einem überragenden Gebäude wächst. Die Sammlung der Märchen legte den Grund zu der Brüder Grimm bleibender und heftig verteidigter, von August Wilhelm Schlegel ebenso heftig angezweifelter, Überzeugung, daß Naturpoesie und Kunstpoesie zwei völlig verschiedene Gattungen seien, ja getrennte Welten, aus anderen Wurzeln wachsend, mit anderen Mitteln arbeitend, anderen Geist- und Formgesetzen unterworfen. Im Volks-Epos, auch da wo es höchste Kunstform erreicht und reine Dichtung wird, sahen sie wie in den Sagen und Mythen, Märchen und Legenden, oder auch im überlieferten Lied, den Ausdruck einer anonymen, unverbildeten Schöpferkraft der menschlichen Seele, dem somit auch ein verbürgter Wahrheitsgehalt innewohnt, eine natürliche Zuverlässigkeit, wie sie das individuell geschaffene Dichtwerk höchstens durch die persönliche Echtheit und Integrität seines Autors, aber nicht mehr aus dem Stoffe selber gewährleisten kann. Geschichte und Sage sind im Urzustand gleich. Die Legende steht schon zwischen beiden, das Märchen ist ein ungetrübter Niederschlag der menschlichen Seele, und das ursprüngliche Epos dokumentiert die Mythe, den Ausdruck gemeinschaftlicher Schau und Erkenntnis aus dem Dämmer der Völkerschaften. Drama und Lyrik sind bereits dem individuellen Schaffen der bewußten Einzelpersönlichkeit privilegiert, deren seherische Berufung sich in eigener Kunstform gestalten und nachweisen muß. Ein Epos mit den Mitteln der Kunstpoesie schaffen zu wollen, das heißt durch das Medium des seiner Produktivität bewußten, gebildeten Schriftstellers oder Dichters, fanden sie unmöglich oder sogar vermessen, da es sich nur selber schreiben könne. Unter Epos verstanden sie also die Verdichtung der unmittelbar überlieferten Volksgeschichte oder -sage, nicht nur die Form der Verserzählung, des metrisch gebundenen Berichtes oder des dichterischen Romans. Mir geht durch den Kopf, was sie wohl, hätten sie ihn noch gekannt, zu Richard Wagners »Ring des Nibelungen« gesagt hätten. Ich fürchte, was die Dichtung anlangt, nichts allzu Lobesames. Dabei wandten sie sich keinesfalls gegen Kunstpoesie oder dichterische Literatur, die aus dem Volkston schöpfte, was sich aus ihrem positiven Verhältnis zu Clemens Brentano und durch Wilhelm Grimms Herausgabe und Einleitung der sämtlichen Werke Achim von Arnims, nach dessen Tode, erweist.

»Von der Volkssage«, schreibt Jacob Grimm in seiner Einführung zur »Deutschen Mythologie«, »werden mit gutem Grunde die Märchen abgesondert, obgleich sie wechselseitig ineinander überstreifen. Loser, ungebundener als die Sage, entbehrt das Märchen jenes örtlichen Haltes, der die Sage begrenzt, aber desto vertraulicher macht. (Mit »vertraulich« meint Grimm hier gewiß vertrauenswürdig, zuverlässig.) Das Märchen fliegt, die Sage geht. Das Märchen kann frei aus der Phantasie schöpfen, die Sage hat eine halb historische Beglaubigung. Wie das Märchen zur Sage, steht die Sage selbst zur Geschichte, und, läßt sich hinzufügen, die Geschichte zu der Wirklichkeit des Lebens. Im wirklichen Dasein sind alle Umrisse scharf, hell und sicher, die sich im Bild der Geschichte stufenweis erweichen und dunkler färben. Der alte Mythus aber vereinigt gewissermaßen die Eigenschaften des Märchens und der Sage, ungehemmt im Flug vermag er zugleich örtlich sich niederzulassen.«

Mit der Sammlung der Märchen und ihrer Deutung durch Wilhelm Grimm wurde ein Geniegriff in die Tiefe und in den Grund allen menschenlichen Fabulierens und seiner heimlichen Sinngebung getan. Der Märchenquell steigt aus der Völkerkindheit. Darum ist Amerika, das weiße Amerika, ein Land ohne Märchen. Sein Volk hatte keine Kindheit, es ist nicht dort geboren, es hat eine neue Kindheit begonnen auf selbstgewähltem Boden, der ihm nicht Mutter-Schoß, nicht Schöpfer-Vater gewesen ist. Sinnwörter wie »Mutter-boden«, wie »Vater-land«, hätten dort nicht entstehen können. Denn es kamen zuerst Erwachsene, und sogar im Bewußtsein Erwachsene, mit einer eigenen Idee, einer Anschauung, einer Religion und deren geprägten Formen, mit ihren Legenden, Märchen, Liedern, Sprüchen, sozusagen im Gepäck, zum Vergessen und zum Bewahren. Das Mitgebrachte blieb ihnen zeitweilig erhalten wie eine Tracht, aber nicht wie eine eingewurzelte und weiterwachsende Überlieferung. Sie wurden nicht von einem Land erzeugt und getragen, sondern sie nahmen ein Land in Besitz, oder auch in Obhut, in Pflege, in Vormundschaft. Das Land ist die Tochter, es erzählt ihnen keine Märchen, es fragt, und macht sie fragen. Was in dem Land selbst lebendig war, an Geisterstimmen, Elfenraunen, furchtsamem oder fürchtebannendem Geflüster aus den Urtagen der Erinnerung, verschwand mit dem Leben seiner Eingeborenen. Darum atmet die amerikanische Landschaft in ihrer großartigen und wilden Jungfräulichkeit, in ihrer herrlichen Vielfalt und Weite, immer eine gewisse Trauer oder Melancholie, die tristitia der unbeseelten Kreatur. Das neue weiße Volk aber, das keine Kindheit hatte, schuf sich seine eigene Legende, lebte seine eigene Sage, träumt seinen eigenen, unbewußten Märchentraum, aus dem Rausch jener Weite, jener Unermeßlichkeit, die es zu erschließen, zu durchmessen, zu bemeistern gilt. Da ist kein Platz für das Wuchern und Treiben der Erinnerung, das Schweben und Keimen der Ahnung, wie es in der europäischen Völkerseele daheim ist. Hier, wo wir geboren wurden und unsere Märchen ersponnen sind, hat einmal unsere Urväter die Flut bedroht, ein Bergrutsch verschüttet, das Ungeheuer verfolgt. Katastrophen des Kosmos und der Erde, Untergehen und Überleben oder Neu-Erstehen, durchbeben die Erinnerung. Chthonisch-Tellurisches Erinnern und Ahnen bildet die Tiefenschicht von Mythen, Sagen, Märchen, – die immer schwebende kosmische Katastrophe dämmert in der dualistischen Menschenseele. Flut und Feuer, Abgrund und Sturmschwinge, die Rettung auf den Gipfel, das hilflose Versinken, Kälte und Hitze, Licht und Finsternis. Der Sonnenaufgang, immer wieder erhofft und bezweifelt, ist das heilende Wunder, die Nacht der Absturz. Der Feuerbringer Prometheus erfüllt sein Geschick, der Trotz hängt an den Felsen geschmiedet. Liebe wandelt Aufruhr zu Demut, Gnade wird Brot. Die Seele aber, in ihrer scheuen Entfaltung, Furcht, Glück und Schmerz, das Erleiden des Lebens und seine jubelnde Erfüllung, die schauernde Berührung von jener göttlichen Hand, die den Schläfer weckt und zur Besinnung bringt, das Geschenk und die Strafe des Daseins, das kreatürliche Geschick, und das stumme, stumm sprechende, allzeit lebendige Wesen und Treiben der unerschöpflichen Natur, in den Märchen der Kinder und der Einfältigen wird alles zu Stimme und Gestalt. Dieses Unbewußte, Absichtslose, das tiefsten Bewußtseinsinhalten der Menschheit Laut gibt und keine Zeitschranke kennt, lebte auch im Beginnen der Brüder Grimm, als sie, halb noch aus romantisch-verspielter Neugier, jener Neugier, aus der alle Wissenschaft entsprang, mit ihrer Sammlung begannen. Wilhelm selber spricht von den »guten Zufällen«, die sie dazu brachten, darin bestärkten und weiterführten.

»Einer jener guten Zufälle aber«, erzählt er, »war die Bekanntschaft mit einer Bäuerin, aus dem nah bei Kassel gelegenen Dorf Zwehrn, durch welche wir einen ansehnlichen Teil der hier mitgeteilten, darum echt hessischen Märchen erhalten haben. Diese Frau, noch rüstig und nicht viel über 50 Jahre alt, heißt Viehmännin, hat ein festes angenehmes Gesicht, blickt hell und scharf aus den Augen und ist wahrscheinlich in ihrer Jugend schön gewesen. Sie bewahrt diese Sagen fest in dem Gedächtnis, welche Gabe, wie sie sagt, nicht jedem verliehen sei und mancher gar nichts behalten könne. Dabei erzählt sie bedächtig, sicher und ungemein lebendig mit eigenem Wohlgefallen daran ... Niemals ändert sie bei einer Wiederholung irgendetwas in einer Sache ab und bessert ein Versehen, sobald sie es bemerkt, mitten in der Rede gleich selber. Die Anhänglichkeit an das Überlieferte ist bei Menschen, die in gleicher Lebensart unveränderlich fortfahren, stärker als wir, zur Veränderung geneigt, begreifen können ... Der epische Grund der Volksdichtung gleicht dem durch die ganze Natur in mannigfachen Abstufungen verbreiteten Grün, das sättigt und sänftigt, ohne je zu ermüden.«

So wie die Zwehrner Märchenfrau, die Viehmännin, erzählt die Mutter ihrem Kind die überlieferten, manchmal aber auch selbsterfundenen Geschichten, und das Kind merkt auf, daß sie bei Wiederholungen nicht eine Silbe, nicht einen Tonfall verändert oder vergißt. Denn darin

erspürt es Wahrhaftigkeit, Gültigkeit, Beständigkeit. Dichtung und Glaube erwachsen der gleichen magischen Kraft des Tonfalls, dem eine Offenbarung innewohnt und der sie verbürgt.
Der Ausgabe von 1812 – ich erwähne die Jahreszahl nur wegen des bemerkenswerten Kontrastes zwischen ihrer blutig-heroischen Geschichtsbedeutung und der Seelenlage des gleichzeitig hier Geschaffenen – stellte Wilhelm Grimm eine Vorrede voran, die neben seinen wunderbaren Untersuchungen über die Elfen in allen Völkersagen und über Kinderwesen, Kindersitten und Kindersprüche, zum Schönsten gehört, was er geschaffen hat. Diese Vorrede deutet die Märchen, ohne Zergliederung oder Sezierung, mit einem Sach- und Sinnverständnis, das moderne Traumdeutung, Tiefenpsychologie, Symbolforschung intuitiv vorwegnimmt und sogar in ihrer gleichnishaften Schlichtheit überholt. Sie liest sich so einfach wie eine biblische Geschichte, denn sie ist selbst von Märchenluft durchweht, und könnte in ihrer Weisheit und vieltönigen Instrumentation durch keine spätere Nachdeutung ergänzt oder überflügelt werden. Ich kann es mir nicht versagen, einige Stellen daraus zu zitieren, weil sie nicht nur für das Wesen der Märchen und die Bewertung von Wilhelm Grimms Werk, sondern für den Inhalt und Sinn dieser Untersuchung entscheidende Aufschlüsse geben.
»Innerlich geht durch diese Dichtungen«, heißt es da von den Märchen insgesamt, »dieselbe Reinheit, um derentwillen uns Kinder so wunderbar erscheinen; sie haben gleichsam dieselben bläulichweißen, makellosen, glänzenden Augen (in die sich die kleinen Kinder selbst so gern greifen!), die nicht mehr wachsen können, während die anderen Glieder noch zart, schwach und zum Dienst der Erde ungeschickt sind. So einfach sind die meisten Situationen, daß viele sie wohl im Leben gefunden ... Die Eltern haben kein Brot mehr und müssen ihre Kinder in dieser Not verstoßen, oder eine harte Stiefmutter läßt sie leiden und möchte sie gar zugrunde gehen lassen. Dann

sind Geschwister in des Waldes Einsamkeit verlassen, der Wind schreckt sie, Furcht vor den wilden Tieren, aber sie stehen sich in allen Treuen bei, das Brüderchen weiß den Weg nach Hause wieder zu finden, oder das Schwesterchen, wenn Zauberei es verwandelt, leitet es als Rehkälbchen und sucht ihm Kräuter und Moos zum Lager ... Der ganze Umkreis dieser Welt ist bestimmt abgeschlossen: Könige, Prinzen, treue Diener und ehrliche Handwerker, vor allem Fischer, Müller, Köhler und Hirten, die der Natur am nächsten geblieben, erscheinen darin. Das andere ist ihr fremd und unbekannt. Auch wie in den Mythen, die von der Goldenen Zeit reden, ist die ganze Natur belebt, Sonne, Mond und Sterne sind zugänglich, geben Geschenke oder lassen sich wohl gar in Kleider weben ... Die Pflanzen und Steine reden und wissen ihr Mitgefühl auszudrücken, das Blut selber ruft und spricht, und so übt diese Poesie schon Rechte, wonach die spätere nur in Gleichnissen strebt ... Alles Schöne ist golden und mit Perlen bestreut, selbst goldene Menschen leben hier, das Unglück aber ist eine finstere Gewalt, ein ungeheurer menschenfressender Riese, der doch wieder besiegt wird, da eine gute Frau zur Seite steht, welche die Not glücklich abzuwenden weiß, und dieses Epos endigt immer, indem es eine endlose Freude auftut. Das Böse auch ist kein Kleines, Nahestehendes, und deshalb das Schlechteste, weil man sich daran gewöhnen könnte, sondern etwas Entsetzliches, Schwarzes, streng Geschiedenes, dem man sich nicht nähern darf: ebenso furchtbar die Strafe dafür. Schlangen und giftige Würmer verzehren den Frevler oder in glühenden Eisenschuhen muß sich das Opfer zu Tode tanzen. Vieles trägt auch eine eigene Bedeutung in sich: die Mutter wird ihr rechtes Kind in dem Augenblick wieder im Arme haben, wenn sie den Wechselbalg, den ihr die Hausgeister dafür gegeben, zum Lachen bringen kann, gleichwie das Leben des Kindes mit dem Lächeln anfängt und in der Freude fortwährt, beim Lächeln im Schlaf aber die Engel mit ihm reden. So ist eine Viertelstunde täglich über der Macht des Zaubers, wo die menschliche Gestalt frei hervortritt, als könne uns keine Gewalt ganz einhüllen, und es gewähre jeder Tag Minuten, wo der Mensch alles Falsche abschüttelt und aus sich selbst herausblicke. Dagegen aber wird der Zauber auch nicht ganz gelöst, und ein Schwanenflügel bleibt statt des Armes, und weil eine Träne gefallen ist, ward ein Auge mit ihr verloren, oder die weltliche Klugheit wird gedemütigt, und der Dummling, von allen verlacht und hintangesetzt, aber reinen Herzens, gewinnt allein das Glück. In diesen Eigenschaften aber ist es gegründet, wenn sich so leicht aus diesen Märchen eine gute Lehre, eine Anwendung für die Gegenwart ergibt. Es war weder ihr Zweck, noch sind sie darum erfunden, aber es erwächst daraus, wie eine gute Frucht aus einer gesunden Blüte, ohne Zutun der Menschen. Darin bewährt sich jede echte Poesie, daß sie niemals ohne Beziehung auf das Leben sein kann, denn sie ist aus ihm aufgestiegen und kehrt zu ihm zurück, wie die Wolken zu ihrer Geburtsstätte, nachdem sie die Erde getränkt haben.«

»Was den Inhalt selbst betrifft«, heißt es an einer anderen Stelle – einer der wenigen, an der von der allgemeinen Bedeutung die Rede ist und nicht unmittelbar vom Stoff her gehandelt wird –, »so zeigt er bei näherer Betrachtung nicht ein bloßes Gewebe phantastischer Willkür, welche nach der Lust oder dem Bedürfnis des Augenblicks die Fäden bunt ineinander schlägt, sondern es läßt sich darin ein Grund, eine Bedeutung, ein Kern gar wohl erkennen. Es sind hier Gedanken über das Göttliche und Geistige im Leben aufbewahrt, alter Glaube und Glaubenslehre, in das epische Element, das sich mit der Geschichte eines Volkes entwickelt, getaucht und leiblich gestaltet. Doch Absicht und Bewußtsein haben dabei nicht gewirkt. Je mehr das Epische überhand gewinnt, desto mehr wird das Bedeutende verhüllt.«

Die großen, immer wiederkehrenden Haupttehmen, Situationen und Handlungen, und die feststehenden, immer wiederkehrenden Typen werden von Grimm erschöpfend charakterisiert, und ergeben, in Zusammenfassung, von denen ich nur die konzentriertesten Beispiele zitieren will, ein vollständig symphonisches Welt- und Lebensbild.

Belebung der ganzen Natur, naiver Animismus, ist die erste Stufe der Beseelung des sinnlichen Erlebens.

»Der Machandelbaum hat einen guten Geist, seine Früchte erfüllen den Wunsch der Mutter nach einem Kind, die gesammelten Beeneken des Ermordeten werden unter seinen Ästen, die sich gleich den Armen des Menschen bewegen und sie umfassen, wieder belebt, die von ihm aufgenommene Seele steigt aus den leuchtenden, aber nicht brennenden Flammen der Zweige in der Gestalt eines Vögleins empor, dem Grab der Mutter entspringt ein Bäumlein, aus dem vergrabnen Eingeweide eines geliebten Tieres wächst ein Baum mit goldenen Äpfeln. Die Quelle ruft den Kindern zu, nicht aus ihr zu trinken, weil sie sonst verwandelt würden. Das Roß Fallada spricht nach seinem Tode. Die Raben weissagen, die Tauben lesen dem armen Kind die Erbsen aus der Asche, hacken den bösen Schwestern das Aug aus ... Mit dieser Ansicht von einer allbelebten Natur hängt auch das Übergehen in eine andere Gestalt zusammen, und die hier verwandelten Steine, Bäume und Pflanzen sind eigentlich geistig belebt ...« (Wer dächte hier nicht an die moderne Physik!) ... »Dasselbe bedeutet die Quelle, an welcher das Wasser des Lebens geschöpft wird, es gibt Menschen, welche Zauberei in Steine verwandelt hat, ihre Gestalt zurück.«

Wandlung, Verwandlung, Gestalt-Vertauschung, Umformung, auch die Wünscheldinge, Wunschmittel, die Wunschelruot des Gral, sie alle künden von jener tief geahnten Metamorphose, der Kommunikation von Stoff und Geist. Denn auch der Menschengeist ist jener »Energie« verwandt, die sich in Materie verwandelt, und alles stoffliche, körperliche Dasein wiederum verbildlicht seinen geistigen Ursprung und strebt nach ihm zurück.

Dann aber, einfach und eindeutig, vollzieht sich in der Märchenwelt der Kampf des Guten mit dem Bösen.
»In vielfachen Wendungen und Verschlingungen«, sagt Wilhelm Grimm, »wird er dargestellt, häufig in den kindlichen Verhältnissen der Geschwister. Der Bruder ist in die Gewalt böser Mächte gefallen, die Schwester hört es und sucht ihn nun, durch Wälder und Einöden wandernd, scheut keine Gefahr, vollbringt die schwersten Aufgaben, erlöst ihn endlich, denn das Gute und Reine taucht doch am Ende als das allein Wahre und Bestehende hervor und besiegt das Böse. Und in wie viel schönen Zügen ist dabei das Menschliche eingeflochten!«
Das Menschliche, das Wilhelm Grimm hier meint, bahnt sich seinen Weg wie ein Bächlein durch Gestein und Gestrüpp, aber es braucht immer die Hilfe der höheren, der geistigen Welt, um die unteren Mächte zu überwinden und nicht von ihnen getrübt oder verschlungen zu werden.
»Die reinen Geister«, führt er aus, »indem sie das Gute befördern, begleiten sichtbar den Menschen auf seinen Wegen ... Daher ... die Märchen von jenen besonders Begabten, mit ungewöhnlichen Vorzügen Ausgestatteten. Jener kommt schon in einer Glückshaut auf die Welt, ihm schlägt alles Widerwärtige zum Vorteil aus, er geht selbst in die Hölle, dem Teufel sein Geheimnis abzulokken.«
Mit diesem klaren Satz erhellt Wilhelm Grimm, aus der Märchenanschauung heraus, das Wesen von Talent und Begnadung, das Geniale, das durch keine Dialektik auseinanderzulegen und zusammenzusetzen ist, sondern nur in seiner Ganzheit als Gabe, Schöpfergabe, ausgeschüttet und empfangen wird, damit immer wieder ein Bild, Vorbild, Sinnbild entstehe, um den Menschen in ihrer chthonischen Finsternis, planetarischen Einsamkeit, die das Auge nicht durchdringen kann, ein Leuchtzeichen, eine Lichtspur zu hinterlassen.
Das Menschliche aber erfährt seine wunderbare Trans-

figuration in dem Motiv, das Wilhelm Grimm als eines der vornehmsten und bedeutsamsten aller Märchendichtungen erkennt: der Erlösung durch Liebe.
»Die gute und unschuldige, gewöhnlich die jüngste Tochter wird vom Vater in der Not einem Ungeheuer zugesagt, oder sie gibt sich selbst in seine Gewalt. Geduldig trägt sie ihr Schicksal, manchmal wird sie gestört von menschlichen Schwächen und muß diese erst abbüßen, doch endlich empfindet sie Liebe zu ihm, und in dem Augenblick wirft es auch die häßlichste Gestalt eines Igels, einer Bestie, eines Frosches ab und erscheint in gereinigter, jugendlicher Schönheit. Die gleiche Sage, die auch bei den Indern heimisch ist und mit der römischen von Amor und Psyche, der altfranzösischen von Parthenopex und Meliuere sichtbar zusammenhängt, deutet die Bannung in das Irdische und die Erlösung durch Liebe an. Stufenweise arbeitet sich das Reine hervor, und wird die Entwicklung gestört, so stürzt das Elend und die Schwere der Welt herein, und nur von der Berührung der Seelen (die aber oft so leibhaft vor sich geht, wie wenn die Prinzessin den kalten Frosch in ihr warmes Bettchen nimmt oder ihn an die Wand werfen muß, damit er die Gestalt wandle), vor der Erkenntnis der Liebe, fällt das Irdische ab.«
Wo fände man eine sinnhaftere Darstellung von den widerstrebenden und um tiefere Einheit, Verschmelzung ringenden Liebesmächten, der irdischen und der himmlischen, ihrer brennenden Begegnung im Eros, ihrem Erlösungsdrang und seiner Erfüllung in der Geburt der Schönheit, der heimlichen Harmonie? –
Den Tiermärchen und den Reisen und Wanderungen unbelebter Dinge, etwa Strohhalm, Bohne und Kohle, die wieder eine andere Welt auftun als die animistischen, widmet Grimm noch eine besondere Betrachtung, aus der nur ein Satz genommen sei:
»Das heimliche Treiben der Tiere in den Wäldern, Triften und Feldern, auch im Stall, Hof und Hausboden, hat etwas sehr Bedeutendes, es herrscht unter ihnen eine be-

stimmte Ordnung, in dem Bau ihrer Wohnung, dem Ausflug, der Heimkehr, dem Füttern der Jungen, der Vorsorge für den Winter, Ihr Gedächtnis scheint groß, sie machen sich miteinander verständlich, und ihre Sprache ist wohl nicht mannigfaltig, aber mächtig und eindringlich.« Ich möchte hinzufügen, auch wo ihnen Menschensprache beigelegt wird, ist das Menschliche nicht ihr Antrieb, sie stehen für andere Bilder und Ordnungen, und sie mögen also nicht im direkten Sinne vermenschlicht werden, wie es moderne Tiergeschichten in sentimentalisierender oder moralisierender Weise oft versuchen.

Grimm übersieht auch nicht den vieler Märchendichtung innewohnenden Humor, von dem er sagt, daß er sich »manchmal nur leise äußert, und daß man ihn mit der eingelegten Ironie moderner Erzähler nicht verwechseln muß«. Besonders beschäftigt er sich mit gewissen humorigen Gestalten und Zügen, die er als typisch deutsch bezeichnet und als in den Märchen der anderen Völker nicht leicht zu finden, wie jene des Halb-Rohen, Halb-Dumpfen, Halb-Wachen, Halb-Menschlichen, etwa des phantastischen Igel-Hans, der sich durch Humor aus dem Wilden und Tierischen erhebt, wie der Bruder Lustig aus seiner Sünde.

Damit kommen wir, zum Schluß und vielleicht als Gipfel, zu den immer wiederkehrenden, den feststehenden Gestalten, den wirklichen Menschen in der Märchendichtung, von denen der Bruder Lustig eine der charakteristischsten ist. Sagt Grimm: »Er bekümmert sich um nichts als ein fröhliches Leben, er weiß nicht, was gut und was bös ist, und ihm wird darum nichts zugerechnet. Als der Herr kommt, bei ihm zu herbergen, ist er bereit, das Letzte mit ihm zu teilen, doch vertut er gleich im Spiel den Groschen, wofür er einen Trunk zur Speise holen soll. Dem Apostel Petrus, der in Gestalt eines Armen ihn um ein Almosen anspricht, gibt er seinen letzten Heller, und als dieser im Glauben, einen Frommen gefunden zu haben, mit ihm zieht, betrügt er ihn alsbald um das Herz des gebratenen Lämmchens und ist ärgerlich, daß der mächtige Apostel nicht mehr Geld zusammenbringt! Den Tod hat er lange zum Narren, endlich muß er ihm folgen, aber nun will ihn weder der Himmel noch die Hölle einlassen, bis er durch einen guten Einfall in jenen sich Eingang verschafft ... Gewissermaßen macht der Schneider, welcher, als er aus Gnaden in den Himmel aufgenommen worden, dort gleich Richter über die Sünder sein will und wieder ausgestoßen wird, das Gegenstück zu ihm ...«

Ach, lieber Wilhelm Grimm, welche »zeitnahe« Anwendung legst Du uns hier in den Mund! Kennen wir sie nicht allzu gut, jene Schneider von heute, die grade Durchgeschlupften, Entkommenen, die sofort nun Sündenrichter spielen wollen und die Reinheit für sich allein in Anspruch nehmen? Und welcher Trost, wenn das weise Märchen – das immer die unabwendbare Endformel kennt – uns dartut, daß sie alle wieder ausgestoßen werden! So werden wir also auch das noch erleben. Und aus dem Beispiel des Bruder Lustig darf uns die schöne Zuversicht erwachsen, die praktische Wendung, Hinwendung, Nutzanwendung aufs Primitive, Tägliche, Notdürftige, daß uns der Himmel nicht verschlossen bleibt und die Gnade nicht versagt, wenn unser Leichtsinn gut genug ist, um den letzten Groschen für einen armen Kerl hinzuwerfen, ja daß der Leicht-Sinn oft besser anschlägt, auch im Großen und Ewigen, als die Schwer-Mut.

Hierher gehört auch der Aufschneider, von dem Wilhelm Grimm sagt, »in ihm gibt sich die reine, und weil sie unverhohlen ist, schuldlose Lust an der Lüge kund. Die menschliche Einbildungskraft hat das natürliche Verlangen, einmal die Arme, so weit sie kann, auszustrecken und ungestört das große Messer, das alle Schranken zerschneidet, zu handhaben.«

Die bedeutungsvollste aber unter den menschlichen Märchengestalten ist »der dritte Sohn«:

»Verschiedentlich wird die Geschichte von einem König erzählt, der drei Söhne hinterläßt und nicht weiß, welchem er Krone und Reich nach seinem Tode überlassen soll. Er macht daher eine Aufgabe, sei es nun etwas Schweres zu vollbringen, etwas Seltenes und Kostbares zu holen oder eine große Kunst zu erlernen.

Wer sie löst, der soll der Erbe sein. Sie ziehen aus und jeder versucht sein Glück. Daß gewöhnlich der Jüngste, anscheinend der am geringsten Begabte den Sieg davon trägt, ist in einer sittlichen Idee begründet. Als Charakter wird er in den Märchen gewöhnlich der »Dummling« genannt. In der Jugend zurückgesetzt, zu allen Dingen, wozu Witz und Gefügsamkeit gehört, ungeschickt, muß er gemeine Arbeiten verrichten und Spott erdulden. Er ist das Aschenkind, das am Herde oder unter der Treppe seine Schlafstätte hat. Aber es leuchtet dabei eine innere Freudigkeit und eine höhere Kraft durch. Schön wird er im Parcifal der »Dummeklare« genannt. Kommt es dann zur lebendigen Tat, so erhebt er sich schnell wie eine lang keimende, endlich vom Sonnenlicht berührte Pflanze, und dann vermag er allein unter vielen das Ziel zu erreichen. Gewöhnlich der Jüngste unter drei Brüdern, stehen ihm die beiden andern in Stolz und Hochmut entgegen. Verlachen ihn und sehen ihn mit Verachtung an. Der Dummling aber zieht in kindlichem Vertrauen aus, und wenn er sich ganz verlassen glaubt, hilft ihm eine höhere Macht und gibt ihm den Sieg über die andern. Ein ander Mal hat er weltliches Wissen hintangesetzt und nur die Sprache der Natur erlernt, darum wird er verstoßen, aber jene Erkenntnis hebt ihn bald über die andern. Unterliegt er der Mißgunst und wird ermordet, so verkündigt doch lange nachher der weißgebleichte, hervorgespülte Knochen die Untat, damit sie nicht unbestraft bleibe.

Der Dummling ist der Verachtete, Geringe, der Kleine, und nur von Riesen aufgesäugt wird er stark. So nähert er sich dem Däumling, der bei Geburt nur daumengroß ist und nicht weiterwächst. Bei ihm aber ist alles in Klugheit ausgeschlagen, er ist aller List und Behendigkeit voll ... Jedermann äfft er und zeigt eine Lust an gutmütiger Nekkerei, manchmal ist er das kluge Schneiderlein, das mit seinem feinen und schnellen Verstand die Riesen schreckt, die Ungeheuer tötet und die Königstochter erwirbt. Er allein kann die vorgelegten Rätsel lösen.«

Der Dummeklare, der dritte Sohn, der einfältige, faule, arg-lose, – denn schon Ehrgeiz und Streben werden hier zum »Argen« –, der aber die Gnade hat, die Demut, die Geduld der Natur, ihre zarte Kraft, auch ihre unschuldige Schlauheit. Er, und nicht der Tüchtige, der Streber, der Praktische oder der Heroische, er, der Dummling, bekommt die Hand der Prinzessin. Die Gerechtigkeit wird über-rational, metaphysisch – göttlich. Die göttliche Gerechtigkeit aber wägt mit unbekanntem Gewicht, und ihr endlicher Ausdruck, ihre sichtbare Gestalt, ist die Proportion.

Die Grimmsche Märchensammlung, und Wilhelm Grimms Deutung, gibt uns gleichsam den goldenen Schnitt, der die geheime Ausgewichtung, das unabänderliche Verhältnis zwischen Gott, Natur und Mensch in kindlicher Bildkraft aufleuchten läßt.

IV
Vom Ursprung der Sprache, von der Brüderschaft und von der Begeisterung

Die Suche nach dem Ursprung bestimmt den Grundzug allen menschlichen Forschens. So wie der Ursprung eines Flußlaufs, die Entdeckung seiner Quellen, erst gültigen Aufschluß gibt über die ihm innewohnenden Gesetzlichkeiten, sein Gesamtpotential an Wassermenge, Stauung und Gefälle, seinen Einfluß auf die Gestaltung eines Landstrichs, eines Kontinents, eines Teiles der Erdoberfläche, so mag eine jede Erscheinung erst von ihrem Ursprung her organisch zu begreifen und im Sinne einer allgemeinen Ordnung darzustellen sein. Die Lehre vom Atom, von der letzten unteilbaren Einheit aller materiellen Substanz, geht auf die altgriechische Philosophie zurück, und wenn die moderne Physik diese Einheit zertrümmert, sie aber gleichzeitig als eine Emanation jener Energie erkennt, die sie zusammenhielt oder in Selbstwandlung erschuf, so steht sie damit in keinem Widerspruch zur Ursprungslehre des Demokrit, sondern bestätigt sie in einer neuen Dimension.* Die Gesamtheit der sinnlichen und geistigen Phänomene, die wir deshalb als lebendig bezeichnen, weil sie sich in ständiger Bewegung, im Wandel befinden oder Bewegung und Wandel hervorrufen – »das

* Die Wirksamkeit kosmischer Strahlung im Atomkern, die dadurch erwiesene Korrelation zwischen Weltraum und stofflichem Mikrokosmos, gibt dem Begriff »Dimension« eine neue Bedeutung, die ihn aus dem Räumlichen ins Geistige überträgt.

Leben« also –, erscheint in einer unendlichen Vielfalt und Kompliziertheit von Einzelgestalten, Formen, Reizen und Relationen, geht aber wohl auf unendlich einfache Ur- und Grundgesetze zurück.
Die Suche nach dem Ursprung, nach den Grundgesetzen, ist in unserem Sinne keineswegs ein Versuch, die Kosmogonie, die Schöpfungsgeschichte und das Phänomen des Lebens rationalistisch aufzuklären und als einen Vorgang geistloser Mechanik zu enthüllen, sondern im Gegenteil: das bewußte Streben, durch die Erkenntnis wesenhafter Zusammenhänge, die uns eingeborene Denk- und Vorstellungskraft auf einen tieferen, unbekannten Inhalt und Sinn aller Schöpfung hinzulenken.
Ein Sprachforscher von der geistigen Bedeutung Jacob Grimms mußte als unerläßlich empfinden, die Frage nach dem Ursprung der Sprache überhaupt aufzuwerfen, durch deren Besitz und Gebrauch sich das menschliche Geschlecht wie durch keine andere Äußerung entscheidend von allen übrigen Geschöpfen abhebt.
Seine Untersuchung »Über den Ursprung der Sprache« (1851), in die geschlossene Form einer Rede zusammengefaßt und verdichtet, zeigt ihn auf der Höhe seiner Lebensarbeit.
Älter als alle uns überlieferten Sprachdenkmäler, ist doch die Sprache schon in ihren Anfängen, in ihrer Urbedeutung, mehr als ein bloßes Mittel der Verständigung. Dazu genügte der Laut, wie er fast allen höheren Tieren, von den Insekten bis zu den Menschenaffen, in vielfachen Abwandlungen und Modulationen zur Verfügung steht.
Sprache beginnt mit der Namengebung. Mit der Benennung der Person oder der Sache, deren die Person sich bedient, die sie »erkennt«. Sie fällt also im Ursprung zusammen mit der Bewußtwerdung des Einzelwesens überhaupt, mit der Geburt des Individuums, mit dem Vorgang des Denkens.
Ich, Du, Er, Sie, Es. Darin bestehen, fürwörtlich abstrahiert, die ersten Inhalte des Sprechens. Das Tätigkeits-

wort kommt als zweiter Inhalt hinzu und schafft die dynamische Verbindung. Die Sprache ist genetisch auf den Menschen bezogen. Die Entwicklung der Sprache ist freies Menschenwerk.
Um zu dieser elementaren Erkenntnis, als einer »dritten These« nach Art der Schlußfolgerung zu gelangen, muß Grimm zunächst zwei andere, mögliche und behauptete, jedoch unbewiesene Hypothesen entkräften. Nämlich die, daß die Sprache entweder dem Menschen »angeboren«, also mit ihm erschaffen, oder daß sie ihm »geoffenbart«, das heißt von einer höheren Macht ihm mitgeteilt sein könnte.
Beide Theorien, die von einer uns »anerschaffenen«, die von einer uns »eingegebenen« Sprache, scheinen Grimm in völligem Gegensatz zu allen natürlichen und geistigen Erscheinungen zu stehen, vor allem zum Vorgang der Bewußtseins- und Sprach-Erwerbung durch das erwachende Einzelwesen, das Kind. Wenn er aber das Unmögliche und Widersinnige dieser theologischen Deutungen enthüllt (die übrigens nie ein dictum absolutum der christlichen Theologie gewesen sind), und die menschliche Sprache unmittelbar mit der Fähigkeit des Denkens zusammenbringt, so leugnet er damit keineswegs das Geheimnis einer von Schöpfermacht stammenden, fundamentalen *Gabe*.
In seinen eigenen Worten:
»Der Schöpfer hat die Seele, das heißt die Kraft zu denken, er hat die Sprachwerkzeuge, das heißt die Kraft zu reden, in uns beides als kostbare Gaben gelegt, aber wir denken erst, indem wir jenes Vermögen üben, wir sprechen erst, indem wir die Sprache lernen. Gedanke und Sprache sind unser Eigentum, auf beiden beruht unsrer Natur sich aufwindende Freiheit, das »sentire quae velis et quae sentias dicere«, ohne sie würden wir Tieren gleich barer Notwendigkeit hingegeben sein, und mit ihr sind wir emporgeklommen.
Diese Sprache, dies Denken, steht aber nicht abgesondert

da für einzelne Menschen, sondern alle Sprachen sind eine in die Geschichte gegangene Gemeinschaft und knüpfen die Welt aneinander. Ihre Mannigfaltigkeit eben ist bestimmt, den Ideengang zu vervielfachen und zu beleben.

Eine angeborene Sprache hätte die Menschen zu Tieren gemacht, eine geoffenbarte in ihnen Götter vorausgesetzt; es bleibt nichts übrig, als daß sie eine menschliche, mit voller Freiheit ihrem Ursprung und Fortschritt nach von uns selbst erworben sein muß: nichts anderes kann sie sein, sie ist unsre Geschichte und unsre Erbschaft.

Das, was wir sind, wodurch wir uns von allen übrigen Geschöpfen unterscheiden, führt im Sanskrit den bedeutsamen ehrwürdigen Namen ›manudscha‹, der auch vorzugsweise in unsrer deutschen Sprache bis auf heute sich erhalten hat, goth. manniska, ahd. mannisco, nhd. Mensch und so durch alle Mundarten. Dies Wort darf zwar mit gutem Grund auf einen mythischen Ahnen Mana oder einen indischen König Manas zurückgeleitet werden (Tacitus bezeugt mannus), dessen Wurzel jedoch »man«, das heißt: denken, ist und wozu unmittelbar auch manas, menos, Mensch fallen.

Das Verhältnis Gottes zur Natur beruht auf gleich festen, unerschütterlichen Gesetzen wie die Bande der Natur unter sich, und da diese ihr Geheimnis und Wunder nur in sich selbst, nicht außer sich tragen, so muß jedes nicht natürliche Mittel von ihnen ausgeschieden sein. Ein Geheimnis, bei dem es unnatürlich herginge, gibt es nicht!«

Wie erweist sich Grimm hier als ein echter Sohn seines Jahrhunderts, da wo sein mächtiger Geistesdrang noch kühn und ungebrochen aus klaren Quellen vordringt, und von seinen neu erworbenen Mitteln vergleichender Erkenntnis freien Gebrauch macht, ohne noch dieser Mittel unfreier Denksklave geworden zu sein! Wie ist er aber gleichzeitig schon ein ahnender Weggenosse unserer Tage, deren bestimmende Aufgabe es nur sein kann, die erworbenen Mittel zur vollen Geltung zu bringen, um durch ihre Mittlerschaft den großen, verloren gegangenen Zusammenhang zwischen physischer und geistiger Welt wiederherzustellen! Das *Denken* der Brüder Grimm ist wohl im Sinn ihres Jahrhunderts vielfach chronologisch bestimmt, ihre *Anschauung* aber sprengt die beengende Kausalkette und wird, in unserem Sinn, universal, indem sie statt der abstrakten Logik allen Gestalten und Erscheinungen immer eine konkrete, aufs Lebensganze gerichtete Zielhaftigkeit beimißt.

In ihrer Laut- und Formenlehre, Grammatik, Etymologie, erfassen sie die Sprache biologisch und metaphysisch, in ihrer Deutung ältesten Sprachgutes erschließen sie Urgeschichte, Urlandschaft der menschlichen Seele. »Das innere Gewebe der Sprache in seiner Schönheit und Fülle aufzudecken« bezeichnet Jacob Grimm als seine Aufgabe, dabei aber stets »auf den Geist der Sprachdenkmale hingewandt zu bleiben, denn der Sprache noch so gewaltige äußere Erscheinung und Form ist stets einem geistigen Ziele dienend.« Und wenn Grimm das Wort »Sprachgeist« anwendet, so meint er damit nichts, was der Idee eines abstrakten Weltgeistes oder einer absoluten ratio verwandt wäre, sondern den die Sprache bildenden, selbst aus höherem Einstrom gebildeten Menschengeist.

Lautvermögen und Sprachvermögen, führt er aus, verhalten sich zueinander wie Leib und Seele in der mittelalterlichen Auffassung, die der Seele die Rolle der Herrin, dem Leib die ihres Kämmerers zuwies. Die Sprachen sind nicht einem »starr und ewigwirkenden Naturgesetz, wie des Lichts oder der Schwere, anheimgefallen«, sie erstehen aus der menschlichen Freiheit, und nur wo das Menschengeschlecht selbst, im Widerstreit des Freien mit dem Notwendigen, einer außer und über ihm waltenden Macht unterliegt, lassen sich auch in der menschlichen Sprache Vibration, Abdämpfung oder Gravitation, also die Einwirkung naturgesetzlicher Mächte, gewahren. So werden die Sprachen zu eigenwüchsigen, eigenlebigen Organismen, die wie natürliche Gebilde aufblühen und absterben können.

»Auch die erstaunende Heilkraft der Sprache«, schreibt Grimm, »womit erlittenen Schaden sie schnell verwächst und wieder ausgleicht, scheint die der mächtigen Natur überhaupt, und nicht anders als diese versteht sich die Sprache darauf, mit geringen Mitteln auszureichen und volles Haus zu halten: denn sie spart ohne zu geizen, sie gibt reichlich aus und vergeudet nie!«

Diese »Ökonomie der Verschwendung«, die ein entscheidendes Formgesetz im Wachstum der Natur, aber auch in allem künstlerischen Schaffen darstellt, bestimmt Jacob Grimms architektonischen Grundriß der menschlichen Sprache, den er in einer knappen Druckseite aufzeichnet:

»Nichts in der Sprache, wie in der ganzen, sie gleichsam auf den Schoß nehmenden Natur, geschieht umsonst.

Jeder Laut hat seinen natürlichen, im Organ, das ihn hervorbringt, gegründeten und zur Anwendung kommenden Gehalt. Von den Vokalen hält a die reine Mitte, i Höhe, u Tiefe; a ist rein und starr, i und u sind flüssig und der Konsonantierung fähig.

Offenbar muß den Vokalen insgesamt ein weiblicher, den Konsonanten insgesamt ein männlicher Grund beigelegt werden. Alle Konsonantverdoppelungen sind der ältesten Sprache abzuerkennen. Konsonantlautabstufung, die sich am allerdeutlichsten und zu zweien Malen in der Verschiebung der deutschen Sprache ereignet, pflegt mit wundervollem Instinkt, indem sie alle stummen Laute verrückt, ihnen doch jedesmal wieder die rechte Stelle anzuweisen. Haben irgendwo in der Sprache Naturtrieb und freie Kraft zusammengewirkt, so geschah es in dieser höchst auffallenden Erscheinung.

Hebel aller Wörter scheinen pronomina und verba. Das pronomen ist nicht bloß, wie sein Name könnte glauben machen, Vertreter des nomens, sondern geradezu Beginn

und Anfang allen nomens. Wie das Kind, dessen Denkvermögen wach geworden ist, »ICH« ausspricht, so finde ich auch im Jadschurveda ausdrücklich anerkannt, daß das ursprüngliche Wesen »ICH BIN ICH« spreche, und der Mensch, wenn er gerufen werde, »ICH BIN ES« antworte.
Die größte und eigentliche Kraft der Sprache liegt im verbum. Alle Verbalwurzeln enthalten sinnliche Vorstellungen, aus welchen unmittelbar auch analoge und abstrakte knospen und sich erschließen konnten, wie z. B. dem Begriff des Atmens der des Lebens, dem des Ausatmens der des Sterbens entsprießt. *Es ist ein folgenschwerer Satz, daß Licht und Schall aus denselben Wurzeln stammen!* Alle Verbalwurzeln wurden aber mit dem einfachsten Aufwand an Mitteln erfunden, indem ein Konsonant dem Vokal vor oder nach trat. Die Zeugung einer Wurzel scheint von dem Sich-Vermählen beider Geschlechter (des weiblich-vokalischen mit dem männlich-konsonantischen) abhängig.
In diesen einfachsten Bildungsgesetzen sehen wir also auch hier Notwendigkeit und Freiheit einander durchdringen. Höchst natürlich und menschlich aber war, daß die Sprachfindung jedem Namen ein Geschlecht erteilte, wie es entweder an der Sache selbst ersichtlich vorlag oder ihr in Gedanken beigelegt werden konnte. Alle Begriffe gehen hervor aus sinnlicher, ungetrübter Anschauung, die selbst schon ein Gedanke war, und der nach allen Seiten hin leichte und neue Gedanken entsteigen.«
Wie kaum in einem seiner anderen Werke, und fast nie sonst in seiner strengen, nüchternen Schreibart, wird Grimm in dieser Rede von einem seherischen Impuls begeistert, der ihn solch ahnungsvolle Gedanken wie den der Ursprungseinheit von Licht und Schall, solch tief gegründete Begriffe wie den der wechselseitigen Durchdringung von Notwendigkeit und Freiheit, die alles menschliche Schicksal und Werk bestimmt, finden und manchmal in dithyrambischen Bildern ausweiten läßt.

Die Sprachen beginnen für ihn die Oberfläche der Erde, den Körper der Kontinente zu bewachsen, überall sieht er sie vordringen und sich ausbreiten, wie die menschliche Cultivation, der Ackerbau, sich zwischen die unbebauten Steppen und Wälder schiebt und sie zurückdrängt.
»So auch«, sagt er zusammenfassend, (»wie Wälder und Steppen dem Anbau wichen und sich ihm doch wieder einfügten), scheinen unter auseinandergelaufenen, im weiten Raum zerarbeiteten, später sich wieder berührenden Sprachen endlich nur solche des Feldes Meister zu werden, die nährende Geistesfrucht gebracht und geboren hatten. Und statt daß von den Stufen jenes babylonischen Turmes herab, der gen Himmel strebte, wie es ägyptische Pyramiden, griechische Tempelhallen und der Christen hochgewölbte Kirchen auch tun, alle Menschensprachen getrübt und zerrüttet ausgetreten sein sollen, könnten sie einmal, in unabsehbarer Zeit, rein und lauter zusammenfließen, ja manches Edle in sich aufnehmen, was jetzt in den Sprachen verwilderter Stämme wie zertrümmert liegt.«
Niemand wird mutmaßen, daß Jacob Grimm hier an ein banales »Esperanto«, das Konkokt einer künstlichen Weltsprache, ein bequemes Plappermittel gedacht habe. Was ihm vorschwebt, aus mythischer Vergangenheit über »unabsehbare Zeit« in eine visionäre Zukunft weisend, läßt sich als eine aus gegenseitigem Kennen und Anerkennen, Berühren und Durchdringen, kurz: aus einer universalen Humanität künftiger Geschlechter erstehende, produktive Verständigung und gegenseitige Bereicherung unter den Sprachen, Völkern, Rassen der Erde erahnen.
Es war den Brüdern Grimm nicht bestimmt, ihre Tage im heimatlichen »Exil« von Hessen-Kassel zu beschließen. Wieder war es ein Regierungswechsel in einem »fremden Land«, nämlich in Preußisch-Berlin, der in ihr stilles, gleichmäßiges Leben eingreifen sollte. Diesmal aber war es ein positiver Eingriff. Im Jahre 1840, drei Jahre nach ihrer Austreibung aus Göttingen, ernannte der neue Kö-

nig Friedrich Wilhelm der Vierte die beiden Brüder zu Mitgliedern der Preußischen Akademie. Das bedeutete ihre Übersiedlung nach Berlin. Zögernd und voll Mißtrauen folgten sie im März 1841 dem ehrenvollen Ruf. Aber ihre schlechten Ahnungen erwiesen sich als grundlos. Das aufstrebende Berlin, vor dessen Unruhe und Wankelmut sie sich gefürchtet hatten, gewährte ihnen, was sie in ihrem Leben bisher entbehren mußten: materielle Unabhängigkeit, sogar einen gewissen Wohlstand, und ungetrübte Schaffensfreiheit bis an ihr Lebensende.
Wilhelm, der immer kränklich war, hat bis zu seinem Tod, im Dezember 1859, Berlin nicht mehr verlassen, Jacob nur noch zu gelegentlichen Studienreisen nach Italien und Skandinavien, und zur Teilnahme an den Parlaments-Sitzungen in der Frankfurter Paulskirche und in Gotha. Vier Jahre nach dem Bruder, im September 1863, starb auch er, mit achtundsiebzig, ohne längere Krankheit, wie ein Mann, der, von großer Arbeit ermüdet, zur Ruhe geht.
Der Verlust des Bruders muß wohl der härteste Schlag in seinem Leben gewesen sein, aber vielleicht machte das Bewußtsein, ihm bald nachzufolgen, und der unverlierbare Besitz der ganzen, gemeinsamen Lebenszeit es ihn leichter verwinden. Äußerlich ließ er sich von seiner Trauer nichts anmerken, gleich nach dem Begräbnis nahm er seine gewohnte Tätigkeit wieder auf.
Sechs Monate später, im Sommer 1860, hielt er auf Einladung der Akademie eine Gedächtnisrede auf den Bruder. Sie wurde in ihrem Hauptteil eine klare, nüchterne, fast trockene Abhandlung über das Werk Wilhelm Grimms, ohne den leisesten Anhauch von Sentimentalität, fast ohne jede Exhibition seines eigenen Empfindens. Aber gerade in dieser einfachen, sachbezogenen Art setzte er nicht nur dem toten Bruder ein Denkmal, sondern der *Brüderschaft* überhaupt, die ihm, sozusagen unter der Hand, zum Symbol und Kern menschlicher Gemeinschaft, zur sittlichen Grundlage der Gesellschaftsbildung

erwuchs. Der Anfang dieser Rede scheint uns ergreifend und bedeutsam genug, um heute gehört zu werden:

»Ich soll hier vom Bruder reden, den nun schon ein halbes Jahr lang meine Augen nicht mehr erblicken, der doch nachts im Traum, ohne alle Ahnung seines Abscheidens, immer noch neben mir ist. Ihm zum Andenken niedergelegt sei denn ein Gebund Erinnerungen, die sich aber, wie man in diesem Kreis erwarten wird, fast nur auf seine wissenschaftliche Tätigkeit erstrecken. Seine sonstigen Lebensbegebnisse hat er selbst schon einmal anderswo erzählt.

Unter Sippen und Blutsverwandten dauert ja die lebendigste, vollste Kunde, und ihnen stehen von Natur geheime Zugänge offen, die sich den andern schließen; nicht allein leibliche Eigenheiten und Züge haben sich einzelnen Gliedern eines Geschlechts eingeprägt und zucken in wunderbarer Mischung nach, sondern dasselbe tut auch die geistige Besonderheit, daß man oft darüber staunt. Da hält ein Kind den Kopf oder dreht die Achsel genau wie es Vater oder Großvater getan hatte, und aus seiner Kehle erschallen bestimmte Laute mit derselben Modulation, die jenen geläufig waren. Die leisesten Anlagen, Fähigkeiten und Eindrücke der Seele, warum sollten nicht auch sie sich wiederholen? Menschlicher Freiheit geschieht dadurch kein Eintrag, denn neben solchen Einstimmungen und Ähnlichkeiten entfaltet sich zugleich auch die entschiedenste Selbständigkeit jedes Einzelnen. Weder dem Leib noch dem Geiste nach sind sich je, solange die Welt besteht, zwei Menschen vollkommen einander gleich gewesen, nur neben und mittels der menschlichen Individualität brechen strichweise, wie aus dem Hintergrund, jene Ausnahmen vor, die das Band unsrer Abstammung nicht verleugnen und ihm Rechnung tragen.

Mir scheint nun, daß dieser edle, die Menschheit festigende und bestätigende Hintergrund seine größte Kraft hat zwischen Geschwistern, stärkere sogar als zwischen Eltern und Kindern. Geschlechter haben sich zu Stämmen, Stämme zu Völkern erhoben, nicht sowohl dadurch, daß auf den Vater Söhne und Enkel in unabsehbarer Reihe folgten, als dadurch, daß Brüder und Bruderskinder fest zum Stamme hielten. Nicht die Deszendenten, erst die Collateralen sind es, die einen Stamm gründen, – *nicht auf Sohnschaft sowohl als auf Brüderschaft beruht ein Volk in seiner Breite.*«

Jacob Grimm will sich nun, wie er sagt, nicht in eine politische Anwendung dieser Erkenntnis verlieren, er erklärt, seiner Art entsprechend, zunächst den einfachen und natürlichen Grund für den Vorrang der Brüderschaft über die Sohnschaft, der darin besteht, daß Eltern und Kinder nur ein halbes Leben miteinander teilen, Geschwister ein ganzes. Der Sohn hat seines Vaters Jugend nicht gekannt, der Vater erlebt den Sohn nicht mehr in seinem Alter, das Leben der Eltern versinkt vorne in die Vergangenheit, das der Kinder steht in die Zukunft hinaus, sie sind einander nicht volle Zeitgenossen. Zu diesem natürlichen kommt noch ein sittlicher Grund: zwischen Eltern und Kindern bleibt immer mindestens in der Erinnerung das Verhältnis von Autorität und Abhängigkeit, »Geschwister aber«, sagt Grimm, »stehen untereinander, ihrer wechselseitigen Liebe zum Trotz, frei und unabhängig, sodaß ihr Urteil kein Blatt vor den Mund nimmt.«

Die politische Anwendung, die Grimm nicht weiter ausführen wollte, weil sie ihm wohl selbstverständlich erschien – uns wird sie zur fundamentalen Bestätigung, ja, zu einem neuen sittlichen Postulat, in einer Zeit, die Gefahr läuft, über allzuvielen Doktrinen, Dogmen und Auslegungen die einfachsten Grundwahrheiten zu vergessen.

»Nicht auf Sohnschaft sowohl als auf Brüderschaft beruht ein Volk in seiner Breite.« Wir glauben, daß in diesen Worten der elementare Grundsatz aller echten Demokratie enthalten ist. Denn Brüderschaft bedeutet die natürliche Lebens- und Geistesverbundenheit all derer, die einander »volle Zeitgenossen« sind, die das ganze Leben, wie es uns bestimmt ist, miteinander teilen, und die doch, in der freien Entfaltung ihrer Person und ihres Urteils, voneinander unabhängig sind und sich in gleichen Rechten und Pflichten begegnen dürfen. Der Sohnschaft und ihrem Autoritätsverhältnis, dessen staatlicher Ausdruck Absolutismus oder Diktatur bedeutet, sind die Völker entwachsen, sobald ihnen politisches und geistiges Selbstbewußtsein eignet. Die Liebe aber – zwischen leiblichen Geschwistern von der Brut- und Nestwärme her in gegenseitiger Anlehnung, Neigung, Nachbarschaft zum festen Band des Vertrauens erhärtet und in ihrer Beständigkeit über die Bodenrisse der Abneigungen und Entzweiungen triumphierend – wäre auch im Verband der weiter gestuften Volk- und Welt-Brüderschaft der um die gleiche Zeit ins Leben Gerufenen das einzige zuverlässige Ferment, würde man nicht ihren Funken gewaltsam ausstampfen. Denn dieser Funke, die Keimkraft zur Menschenliebe, ist kein künstliches Erzeugnis und kein Erziehungsprodukt, er wurde nicht aus einer Götterwelt zu uns herbeigetragen, er ist mit uns geboren, wie unser Eros und unsere Einsamkeit. Ohne ihn könnten wir den furchtbaren Anblick des Todes, der Verlorenheit im uferlos Unbekannten, der wir immer zusteuern, nicht ertragen, sondern müßten in Wahnsinn und Selbstvernichtung zugrunde gehn. Ein Teil alles dessen, was von Menschen getan und erlitten wird, entstammt diesen Angst- und Verzweiflungskratern: Wahnsinn, Selbstvernichtung. Vernunft allein, die es mit Überredung versucht, kann ihrer dämonischen Gewalt nicht steuern (geschweige denn, wenn sie die Zwangspeitsche anwenden will), sondern nur die Entfachung jenes heiligen Funkens, der unsren guten, unsren schöpferischen Dämon weckt. Nichts aber vermag ihn zu entfachen als die Kraft der Begeisterung, die großen Seelen und starken Herzen innewohnt.

Die Brüder Grimm, in der strengen Selbstbescheidung ihrer Forschungsarbeit, waren von dieser Begeisterung durchglüht. Sie haben ihren konkreten Stoff, die Sache, um die es ihnen allezeit ging, so gründlich angeschaut und bis in solche Tiefenschicht durchdrungen, daß ihr Wissen sich zu Weisheit sublimierte. So wuchsen sie über ihren Augenblick hinaus, und ihre Erkenntnis gewann überzeitliche Bedeutung. Sie erkannten den Menschen, indem sie seine konstanteste und universalste Äußerung, die der Sprache, untersuchten, in seinem Ringen zwischen Notwendigkeit und Freiheit – wofür wir auch setzen dürfen: zwischen bestimmenden Verhältnissen und persönlicher Selbstbestimmung –, als ein zur Freiheit begabtes und daher der Notwendigkeit überlegenes Geschöpf. Sie räumten dem Natürlichen und Materiell-Bedingten unserer Existenz den ihm zukommenden Platz ein und ließen keinen Zweifel an der Souveränität unserer seelischen und geistigen Gestaltungskräfte. Sie waren, in ihrer geschichtlichen Epoche, keine Aktivisten, sie nahmen keinen tätigen Anteil an den gesellschaftlichen und soziologischen Entwicklungen, an den politischen Kämpfen ihrer Zeit. Und doch finden auch diese in ihrem Lebenswerk einen vergeistigten Niederschlag. Vielleicht ist es immer und zu allen Zeiten so, daß die intensive Befassung mit dem Allgemeinen, dem Großen und Außerordentlichen, den Widerstreit der Ordnungen und Unordnungen des Augenblicks in sich begreift; daß die produktive Einsicht in das innere Wesen der Dinge so verantwortlich und bedeutsam oder bedeutsamer und verantwortlicher sein kann als die aktive Teilnahme an ihrer äußeren Bewältigung.

Denn das »höhere Streben« des Menschen ist kein Selbstbetrug, sondern ebenso urgesetzlich wie seine »niedere« Triebhaftigkeit. Alle höheren Erstrebungen aber, Sitten, Künste, alle Äußerungen der Humanität, müssen der menschlichen Begeisterung entspringen, oder sie sind totgeboren. Sie ist der einzige und unantastbare Rechtstitel für jedes außerordentliche Beginnen. Und wo das Außerordentliche, das Schöpferische, das der Begeisterung entstammt und zu begeistern imstande ist, nicht unantastbar bleibt, wo dies nicht das höchste *Tabu* ist, da ist

der Eingriff ins Heiligste, da ist jede Verletzung des Menschen möglich – bis zur schauerlichen Perversion einer Philosophie –, Legalisierung und Wissenschaft der Vernichtung, Erniedrigung und Schändung.
Der Begriff der Begeisterung, ähnlich wie der der Freiheit, ist in seinem Wesen immer wieder mißdeutet, in seinen menschlichen und politischen Auswirkung demagogisch mißbraucht worden. Mit Massenrausch, mit der künstlichen Aufpeitschung primitiver Empfindungen, mit blinder Vergötterung einer Person, mit unduldsamen Zwangsvorstellungen, wie etwa den nationalistischen, mit der fanatischen Überwertung einer Ideologie oder einer Glaubenslehre und ihrer Symbolik, hat er nichts zu tun. Begeisterung steht in keinem Gegensatz zur Vernunft, noch weniger zum sittlichen Ethos. Sie ist die spirituelle Substanz, die, nach Art einer chemischen Verbindung, den rationalen und materiellen Ordnungen hinzutreten muß, um die Erscheinung des Außerordentlichen zu erwirken. Nicht die Belehrungs-, sondern der Begeisterungsgehalt entscheiden letzten Endes über die fortwirkende Bedeutung eines dichterischen Werkes. Auch hier nicht als Stimulans oder Narkotikum, sondern im Sinn der klärenden Bekräftigung, der »heiligen Überzeugung«, der desideratio veritatis. Der Forscher, der bereit ist, für die Wahrheit seiner Erkenntnis Opfer zu bringen, Leiden auf sich zu nehmen, sein Leben einzusetzen, ist im Zustand der Begeisterung, der einem religiösen Gnadenstande entspricht. Der Dirigent, der sich weigert, ein musikalisches Gebilde, und sei es nur eine Nationalhymne, ohne Probe, also verantwortungslos wiederzugeben, tut es, weil er für das Wesen der Musik begeistert ist, und sich als ihren unbestechlichen Sachwalter betrachtet. Der Angriff aber, der dann von fanatisierten Parteigängern auf ihn erfolgen mag, entspringt keiner Begeisterung, sondern einer Verblendung. Von diesem ersten Angriff, von der gegen ein begnadetes Haupt erhobenen Hand, ist nur ein kleiner Schritt zur Versklavung, Entrechtung und

Massenmord. Hier ist die Grenze. Sie heißt: Ehrfurcht vor der Persönlichkeit.

Das Wort Begeisterung, in der deutschen Sprache, meint mehr als einen entflammten oder erleuchteten Zustand, mehr als Verzückung und Verklärung, auch die Begriffe der Intuition, Inspiration, des Enthusiasmus, der Ekstase umfassen sein Ganzes nicht oder zersprengen sein Maß. Der Begeisterte ist nicht nur vom Geiste – oder den Geistern – besessen, er muß auch im Besitze des Geistes sein, dessen Element die Klarheit ist. Begeisterung ist eine Vermählung von Geist und Liebe.

Hier aber liegt jene unbedingte Bewegungsfreiheit, jenes Recht auf die eigene Seele, das selbst der festgefugteste Staat, die überzeugteste Hierarchie, für welche menschliche oder göttliche Ordnung sie immer zu stehen glaubt, welche irdischen und ewigen Rechte sie immer verteidigen mag, den Menschen niemals rauben oder schmälern darf.

Hölderlin, im »Hyperion«, hat mit Worten von seherischer Klarheit diese Grenze unverrückbar gezogen:

»Du räumst dem Staat denn doch zu viel Gewalt ein. Er darf nicht fordern, was er nicht erzwingen kann. Was aber die Liebe gibt, und der Geist, das läßt sich nicht erzwingen. Das lass' er unangetastet – oder man nehme sein Gesetz und schlage es an den Pranger. Beim Himmel, der weiß nicht, was er sündigt, der den Staat zur Sittenschule machen will. Immerhin hat das den Staat zur Hölle gemacht, daß ihn der Mensch zu seinem Himmel machen wollte!

Die rauhe Hülse um den Kern des Lebens und nichts weiter ist der Staat. Er ist die Mauer um den Garten menschlicher Früchte und Blumen. Aber was hilft die Mauer um den Garten, wo der Boden dürre liegt?

Da hilft der Regen vom Himmel allein.

O Regen vom Himmel. O Begeisterung. Du wirst den Frühling der Völker uns wiederbringen.

Dich kann der Staat nicht hergebieten.«

Anmerkungen

Von Jacob Grimms wichtigsten wissenschaftlichen Werken, die im Text nicht einzeln aufgezählt sind, seien genannt:

Die deutschen Rechtsaltertümer.

Die deutsche Mythologie.

Die deutsche Grammatik.

Die Geschichte der deutschen Sprache.

Vergleichende Studien über slawische, skandinavische, romanische Sprachen und Volksdichtung (z. B. die serbischen Balladen).

Von Wilhelm Grimm:

Die deutsche Heldensage.

Die Runen.

Die Einleitungen zu den (gemeinsam mit Jacob gesammelten) Märchen.

Die Herausgabe altdeutscher und nordischer Poesie.

Übersetzungen und kritische Kommentare zu früheren Übersetzungen ältester Sprachdenkmäler.

Viele Einzel-Monographien über Mythen, Sagen, Legenden.

Die irischen Elfenmärchen (gemeinsam mit Jacob editiert).

Studie über die Elfen.

Studie über Kinderwesen und Kindersitten.

Viele der interessantesten Arbeiten Jacob Grimms, wie zum Beispiel der Aufsatz »Vom Ursprung der Sprache«, finden sich in der Sammlung seiner »Kleineren Reden und Schriften«.

Es sei noch auf eine ebenfalls in dieser Sammlung gedruckte Rede »Über Schule, Universität, Akademie« hingewiesen, deren Lektüre im Augenblick des Kampfes um eine deutsche Schulreform besonders empfehlenswert ist.

Sie enthält unter anderem folgenden Satz, den Bildungswert der klassischen Sprachen im humanistischen Erziehungsgang betreffend:

»Wir haben uns alle lang in das Altertum eingelebt und sind mehr, als wir selbst wissen, mit ihm verwachsen, so daß beim Losreißen von ihm Stücke der eigenen Haut mit abgehen würden ... Die klassischen Sprachen sind uns Mittel und Handhabe für Unzähliges, fast Unberechenbares geworden ...«

Jedoch eine übermäßige Vorherrschaft des Pedantisch-Grammatischen »rät uns der Zweck des eigentlichen Lebens an bei Seite zu legen und nach einer gleichmäßigen Gerechtigkeit und Milde in allen Dingen zu streben« (1849). Zu III. »Vom lebendigen Quell«:

Die von Pädagogen und Psychologen heute manchmal aufgeworfene Frage, ob die Grimmsche Märchensammlung eine geeignete Kinderlektüre sei, wird in dieser Betrachtung nicht berührt. C. Z.

Ein voller Erdentag

Zu

Gerhart Hauptmanns

hundertstem

Geburtstag

Sage mir keiner, ein Geburtstag sei ein Tag wie jeder andere, und es stehe wohl an, das Werk, die Leistung, nicht aber die Person und den Tag zu feiern. Der Tag und die Stunde, zu der eine Mutter ihr Kind auf die Welt bringt, ist von den Sternen des Lebens beschienen, die unsere Bahn begleiten, unser Tun bestrahlen und beschatten bis zum Ende ... Ja, ich will jetzt zur Freude aufrufen, zum Fest, zur Feier! Dies ist die Stunde, wo die Sonne senkrecht überm Pol steht, und in die kein Schatten fällt! ... Laßt mich zum Ende noch von mir selbst sagen, wie tief und mächtig ich jetzt von Freude bewegt, von Glück erfüllt bin, daß ich an dieser Stelle stehen darf, um Dir, verehrter, lieber, großer Dichter Gerhart Hauptmann, Aug in Auge Dank zu sagen im Namen einer Jugend, eines Volkes, einer Welt schaffender Menschen – und um Deinen Festtag einzuläuten mit den Glocken unserer Herzen!

Aus Carl Zuckmayers Festrede für Gerhart Hauptmann,
gehalten zu seinem siebzigsten Geburtstag in den Ausstellungshallen am Kaiserdamm,

Berlin, am 15. November 1932

In den frühen Stunden, bevor es tagt, wird die Natur, Himmel und Erde, von einem Frösteln durchschauert. Es ist ein durchdringendes Frösteln, das die Geschöpfe, soweit sie nicht in geborgener Wärme schlummern, mit einer bangen Unruhe erfüllt. Wer je in einer Kriegsnacht auf Posten stand, oder wer sich vor Morgengrauen zur ländlichen Arbeit aufmachte, hat es erfahren. Die Schwärze scheint tiefer, dicker, undurchdringlicher über den Boden gelagert als um die Mitte der Nacht. Es ist, als ob Kälte und Finsternis noch einmal ihre ganze Gewalt über die Erdhälfte verhängen möchten, die sich dem Lichte schon zudreht. Es ist die Stunde, in der der Feind im Ausfallgraben das Bajonett aufsteckt. Es ist die Zeit der Hinrichtungen, der Selbstmorde, oft auch des Absterbens nach langem Siechtum im Krankenbett: die Stunde des letzten Seufzers, der Armesünderglocke, des Hingangs und der Erlösung. Denn ebenso ist es die Zeit einer großen Erwartung, für den, der um die Gnade weiß, um das Fallen des Taus, und um das mächtige, unausbleibliche Einbrechen, Hereinbrechen der Sonne.
Solches Frösteln und Schauern, solche Bangnis und solche fiebernde Erwartung walten im frühen Leben, in Knabenzeit und Jünglingsalter Gerhart Hauptmanns. Rastlos durchstreift der junge, magere Kunstschüler, lang vor Tag, die Straßen und Gassen Breslaus, in denen die Laternen schon am Erlöschen sind, als müsse er auf den menschenleeren Pflastern sich selbst und den Ausweg aus den Verwirrungen seiner Jugend finden. »Was ist meine Jugend gewesen? Ein Durst ohne Wasser, ein Hunger ohne Brot, ein Irren nach Liebe, eine Liebe ohne Gegen-

stand!« – schreibt er in einem frühen Romanfragment, das seiner ersten Frau, Marie Thienemann, zugeeignet ist. Nicht daß er eine unglückliche oder harte Kindheit gehabt hätte: von allen guten Geistern, der familiären Geborgenheit und der noch ungebrochenen Tradition, waren Elternhaus und heimatliche Umwelt gesegnet – das Wispern und Raunen nächtlicher Dämonen von morgendlicher Helle und Vogelruf, von Schwalbenzwitschern und vom Lächeln glückhafter Penaten gebannt. Materielle Not hat er nur in einer kurzen Spanne jener Breslauer Kunstschülerzeit, auch da durch mancherlei Unterbrechungen gemildert, kennengelernt – das wirkliche Elend nur im Erlebnis des Mitgefühls mit andern. Doch mußte sich seine Seele, und mit ihr ein zu kraftvoller Entwicklung bestimmter, aber durch kaum erträgliche Erregbarkeit und Sensibilität, durch die Erschütterungen und Spannungen maßloser Innenstürme geschwächter und gefährdeter Leib, in schweren Kämpfen, Stößen, Zukkungen aus dem Dunkelschoß, dem Labyrinth der Selbstsuche befreien. Immer wieder, bis er seinen eignen und einzigen Ausdruck, die Gewalt seiner Sprache und seiner eruptiven Formkraft gefunden hat, wird der junge Mensch – sonst der Heiterkeit seines Alters, dem Lebensrausch, dem Glücksschauer der Liebe und den Entflammungen geistig beschwingter, brüderlicher Freundschaft weit aufgetan – von Rückschlägen und Konflikten heimgesucht, in verzweifelte, grüblerische Einsamkeit getrieben, die ihn seelisch fast erdrückt und seinen Körper bis zur Vernichtungsgrenze erschöpft. Wer den machtvollen Mann in späteren Jahren, an der Schwelle des Alters kannte, breitschultrig, an Wuchs und Haltung die meisten anderen überragend, strahlend von unverwüstlicher Gesundheit und Lebenskraft, der hatte es schwer, ihn sich als schmalbrüstigen, blassen, anfälligen, von Bluthusten und Nervenkrisen bedrohten Jüngling vorzustellen. Ihm selbst schien es kaum zu fassen. »Ich war nie beim Militär«, hörte ich ihn einmal erzählen, und dann fügte er, mit einem leisen, belustigten Lachen und einem fast ungläubigen Kopfschütteln hinzu: »Ich war zu schwächlich – sie haben mich nicht genommen. Na – Gottseidank!« – Aber auf seinem letzten Bild, in der unseligsten Stunde Deutschlands festgehalten, scheint mir das Frösteln der frühen Jahre, das Wissen um Leid und Verhängnis aller Sterblichen, wieder in seinen Augen und in dem strengen, fast bitteren Ernst seiner Züge zu sein.

Kein anderes Dichterwerk und Mannesleben läßt sich so sehr dem vollen Tagesablauf, aber auch dem gerundeten Erdenjahr, der Folge und dem Wandel der Jahreszeiten vergleichen, die ihrerseits wieder zum Sinnbild des menschlichen Daseins geworden sind: Vorfrühling und Lenz, Blühzeit und Erntesommer, Fruchtherbst und stürmisch durchbraustes Spätjahr; dann Tages- und Jahresneige, mit sinkendem Licht, mit Dämmer und letztem Glanz und mit dem Einbruch der Finsternisse nach Sonnenuntergang – bis zum Aufziehen der großen, milden, weltweisenden Sternbilder. Noch in sein Lebensende schmettern Donnerschläge, johlen losgelassne Dämonen. Erst mit dem Augenschließen hebt ein ferner, leiser Glockenton – eine Ahnung des Friedens.

Man hat sich daran gewöhnt, bei der literarischen Klassifizierung Gerhart Hauptmanns zwei Merkworten zu begegnen, mit denen sein Standort bestimmt und abgegrenzt werden soll: man nennt ihn den Repräsentanten des Naturalismus, und den Dichter des sozialen Mitleids. Jedes von ihnen aber stellt, will man seiner Größe gerecht werden, eine Verengung dar, und kennzeichnet nur einen Teil, einen Bruchteil seines dichterischen Wesens. Gewiß war es ein glücklicher Umstand für seine Entwicklung, daß eine in dieser Zeit – den achtziger Jahren des vorigen Jahrhunderts – aufkommende Richtung, aus Abwehr und Rebellion gegen glatt und matt gewordene Literaturformen, gegen lendenlahme und lebensfremde Anschauungen geboren, ihn auf den Schild hob, und ihm unter ihren Bannern zum Durchbruch verhalf. Jedoch hatte er sie schon in seiner ersten, von dramatischen Spannungen geladenen Prosadichtung, die ihm in diesen Kreisen zu Achtung und Ansehen verhalf – dem ›Bahnwärter Thiel‹ –, überwunden und ins Poetisch-Zeitlose gesteigert. Der ›Thiel‹ – ein Hauptmannsches Urthema anschlagend: Hörigkeit und Schwäche des einfachen, simplen Mannes, dumpfe Triebkraft der Frau, Verlorenheit vor dem Schicksal, wie später im ›Fuhrmann Henschel‹, Sehnsucht nach dem Reinen, Erlösenden, das die kreatürliche Unschuld wiederherstellen soll, und Wahnsinn im Ausklang zur blutigen Katastrophe – dieser ›Thiel‹ steht heute vor uns als eine grandiose Emanation seines künstlerischen Vermögens, seiner sprachlichen Kraft und bildnerischen Härte, auch seiner naturverwobenen, lyrischen Zärtlichkeit. Im Anfang das leise Tremolo des Unabwendbaren, das die einfachste Schilderung alltäglichen Geschehens bereits mit einer bebenden Angst vor dem Kommenden erfüllt, die unheimlichen Steigerungen in der Beziehung einander verketteter Menschen, die fast stumm sind, denen Wort und Sprache kaum gegeben ist, die Knappheit und unbarmherzige Konsequenz des Endes: nur dem dramatischen Genius kann solch elementare Gestaltung, in der niemals bewußte Absicht und Spekulation, nichts als die tragische Notwendigkeit regiert, gleichsam von selbst entwachsen. Hier weht büchnersche Luft, kleistischer Atem. Fern aller zeitgebundenen Mode, und aus seinem eigensten Gesetz, schließt hier der große Dichter an die großen, in sich vollendeten und daher niemals veralteten, Dichtungen an. Es ist aber auch hier schon der ahnungsvolle Keim einer Erkenntnis enthalten, die seinem dramatischen Schaffen die antikische Größe verleiht, und deren Bedeutung, deren furchtbarer Sinn ihm zwanzig Jahre später in Griechenland erschien: daß »das Menschenopfer die blutige Wurzel der Tragödie« sei.

Ich habe den ›Thiel‹ hier zum Ausgangspunkt genommen, obwohl oder weil er von Hauptmann selbst als ›novellistische Studie‹ bezeichnet wurde, und im Vergleich zu seinen späteren Prosawerken, der Gewalt und Fülle eines ›Emmanuel Quint‹ oder der verzehrenden Glut und Schönheit des ›Ketzer von Soana‹, auch der Gipfelreihe seiner großen Schicksalsdramen, wirklich nur ein Erproben des Materials, ein Betupfen der Palette, ein erstes Skizzenblatt der Menschengestaltung bedeutet. Aber gerade darin, in dieser frühen, naturgeschenkten Meisterschaft erweist sich seine Freiheit, Unabhängigkeit von jeder einseitig fixierten Kunstrichtung oder Doktrin. Und wenn man ›Naturalismus‹ nicht, wie Rudolf Alexander Schröder in seiner geistvollen Vorrede zum ›Großen Traum‹, als einen gemeinsamen Grundzug aller deutschen Poesie betrachten will, sondern – wie man es doch gewöhnlich tut – als eine Kunstgattung, die ihre Stilmittel lediglich aus dem Arsenal der sogenannten Wirklichkeit, der Darstellung des Gegenständlichen bezieht, oder gar als das radikale Prinzip einer solchen Schule, so hat Gerhart Hauptmann nichts damit zu tun. Diese radikale Spitze des ›konsequenten Naturalismus‹, die Avantgarde der damaligen Zeit, hat von heute aus gesehen gewiß etwas Komisches – wie es jeder avantgardistischen Mode, nach Verbrauch ihrer Schockwirkung und Abstumpfung ihrer Stoßkräfte, anhaften mag. »Ein freudlos Erlösung erheischend Geschlecht, – Des Jahrhunderts verlorene Kinder«, lautet die Selbstaussage in einer der frühsten Publikationen dieser Gruppe, in der – seltsamer Gegensatz zur Prosperität und zum Fortschrittstaumel ihrer Dekade – viel von Freitod, Ausweglosigkeit und ›Daseinsekel‹ die Rede ist. Unwillkürlich denkt man dabei an die Schlagworte von der ›verlorenen Generation‹, den ›Beatniks‹ und sonstige Aktualitäten, wie sie die Zeit rasch in ihren Zettelkasten abzulegen pflegt. Die wahrhaften Dichter gehören keiner Richtung an, und begründen keine Schule. Ihr Werk steht für sich selbst, und zeugt, über den Tag hinaus, für ihre Epoche. Der alte Jakob Grimm hat, in seiner Rede zu Schillers hundertstem Geburtstag im Jahre 1859, das literarische Gruppenwesen in einem sarkastisch-amüsanten Satz gekennzeichnet: »Auch Dichterschulen entstehen, jedoch haben sie abgesehen von der durch sie verbreiteten Langeweile noch nie ernstlichen Schaden getan.« Selbst eine so ausgeprägte Persönlichkeit wie Arno Holz, mit seinem genialischen Sprachtalent, konnte sich nie ganz von dem Stigma der ›Dichterschule‹, deren Bakelmeister er war, befreien. Doch haben er und seine Kampfgenossen das historische Verdienst, durch die gewitterhafte Zündkraft ihrer Bewegung, dem jungen Gerhart Hauptmann die Bahn freigesprengt zu haben. Er selbst hat sich in späteren Jahren aufs deutlichste von jeder Einschachtelung distanziert, und gleichzeitig die Wurzel seines eigenen Schaffens bloßgelegt: »Was ging das Geschwätz vom Naturalismus mich an?« heißt es im ›Abenteuer meiner Jugend‹ – »Aus Erde ist ja der Mensch gemacht, und es gibt keine Dichtung, ebensowenig wie eine Blüte oder Frucht, sie sauge denn ihre Kraft aus der Erde!« Und an anderem Ort lesen wir: »Volk und Kunst gehören zusammen, wie Boden, Baum, Frucht und Gärtner.« Einfacher und wahrhaftiger kann das nicht gesagt werden. Wer so das geistige Gesetz der Kunst aus der natürlichen Anschauung, den Maßstäben der Natur gemäß begreift und empfindet, kann den aktivistischen Thesen seiner Zeit – bei aller leidenschaftlichen Anteilnahme an ihrem Kampfziel – nie ganz verfallen, denn jede einseitige Parteilichkeit, jeder doktrinäre Fanatismus, würde für den schöpferischen Menschen bereits Verzerrung und Geisteszwang bedeuten. Nächst der Natur gibt es für ihn keine Lehre, sondern nur Gott. Und den Versuch einer Gotteslehre kann er sich erst durch Reifung, auf hartem Weg, erkämpfen. Seine frühen Stücke bezeichnete er als ›soziale Dramen‹, denn die menschliche Problematik, die ihn bedrängt und der er Gestalt geben möchte, die Schicksalsmächte, denen sie entwächst, treten ihm in den gesellschaftlichen Konflikten, Notständen und Gegensätzen, im Zeichen des Volkes, dessen Sprache er spricht und versteht, gebieterisch entgegen. Doch hat er nie die wirtschaftlichen Verhältnisse allein als Formkräfte des menschlichen Schicksals oder Schlüssel zu seiner Bewältigung betrachtet und sich nie einer solchen Ideologie verschrieben. Die sozialpolitischen Tendenzen seiner Jugendwerke waren eher, in Verwandtschaft mit Tolstoi, aus religiösem Impuls geboren: Freiheit von Zwang und Mißbrauch, Selbsterlösung und Selbstgestaltung des Volkes, waren für ihn die natürlichen Aggregate einer alle umfassenden Gotteskindschaft. Der große Theodor Fontane, damals schon ein Siebziger, der spät zu dichten begonnen hatte und sich als berufener Kritiker auf wunderbare Weise für den jungen Hauptmann einsetzte, hat in einem Brief an den Sechsundzwanzigjährigen, dessen Drama ›Vor Sonnenaufgang‹ betreffend, die Grenze zwischen programmatischer Intention, also Tendenzliteratur, und Kunstwerk exemplarisch festgestellt. »... aber ein solches Tendenzstück«, heißt es da, »ist Ihr Stück nicht, auch dann noch nicht, wenn Sie's selbst dafür ausgeben. Das kommt sehr oft im literarischen Leben vor, daß die eingeborene Kunst des Künstlers mächtiger ist, als der Wille des Künstlers, die Natur siegt über Plan und Dogma ... Ihr Stück mag in Ihren Augen vor allem ein soziales Drama sein, in meinen Augen ist es ein Drama, ein Stück Leben, und das bedeutet mehr!«

Dies alles hat der junge Hauptmann als tieferes Wissen schon selber in sich getragen, und gerade in seinem Kampfstück ›Vor Sonnenaufgang‹ absichtslos gestaltet: denn der Held des Stückes ist ja keineswegs jener Dr. Loth, der Reformapostel und Thesenkünder – der um des Prinzips willen vor der Forderung des Lebens davonläuft und sich damit einen recht miserablen Abgang macht –, sondern die tragende Gestalt ist Helene, die einfache, starke, liebende Frau, das Naturgeschöpf mit der tief ahnungsvollen, der erwachenden Seele, aus der ihr –

wenn man sie verletzt – der Mut zu einer tragischen Tat erwächst. Sie ist in diesem Stück, in dem alle anderen mehr oder weniger passiv oder in ihren Zustand gebannt bleiben, der eigentliche dramatische Charakter, und Hauptmanns Anklage richtet sich, ungewollt, weniger gegen die verrotteten Zustände in der reich gewordenen Bauernfamilie und ihren opportunistischen Ausnutzer als gegen die Verblendung und konsequente Inhumanität des professionellen Weltverbesserers. Auch enthüllt sich hier bereits ein thematischer Kontrast, der durch Hauptmanns Werke hindurch immer mehr in Erscheinung tritt und immer stärkere Bedeutung gewinnt: der tatgewillte, hochfliegende, aber wandelbare und wankelhafte Mann – die in sich beharrende Kraft und Macht der erdgebundenen Frau, die das Leben trägt, da sie es immer neu gebiert.
Daß er selbst, wie jeder wahre Künstler, diese beiden Elemente, männlichen und weiblichen Charakters, Weltbegehren und Erdbeharren, in sich vereinte und zur Fruchtbarkeit verschmolz, machte ihn zum Gestalter des vollen Lebens, zum Künder der in allem Lebendigen manifestierten Gottesmacht, und bewahrte ihn vor jedem, dem ästhetischen wie dem politischen, Partisanentum. »Stand ich dem Sozialismus nahe«, faßt er später zusammen, »so fühlte ich mich doch nicht als Sozialisten. Die Einzigkeit meines Wesens war es, auf der ich bestand und die ich gegen alles mit verzweifeltem Mut verteidigte.« Das hat Gerhart Hauptmann sein Leben lang getan, ohne Rücksicht auf Tagesparolen, auf Gunst oder Ungunst der Zeitgenossen, auf Mißdeutungen und Mißverständnisse, und dieser verzweifelte Mut zur Selbstsuche, die ihn nach seinem eigenen Wort zur Gottes-Suche berief, dieses Beharren auf der Einzigkeit seines Wesens befähigte ihn, aus jeder Krise des Zweifels, aus jedem Tief seines sturmgerüttelten Erdentags mit immer neu gestärktem Glauben hervorzugehen. »Der Grundzug unseres Wesens war Gläubigkeit«, so kennzeichnet er die Geisteshaltung jener jugendlichen Enthusiasten, die sich in Jena um seinen

Bruder Carl und um die Apostel einer neuen Aufklärung sammelten – »So glaubten wir an den unaufhaltsamen Fortschritt der Menschheit. Wir glaubten an den Sieg der Naturwissenschaft, und damit an die letzte Entschleierung der Natur ... Binnen kurzem, so war unser Glaube, würde die Selbstzerfleischung durch Krieg nur noch ein überwundenes Kapitel der Geschichte sein. Wir glaubten an den Sieg der Brüderlichkeit, ... glaubten, liebten und hofften wir doch aus Herzensgrund! Eines Tags würde das letzte Verbrechen mit dem letzten Verbrecher ausgestorben sein, wie gewisse Epidemien ... Sollte ja damals doch das Paradies vom Jenseits ins Diesseits verlegt werden!« Das war um die Mitte der achtziger Jahre. Was für ein Weg, über grausame Enttäuschung am Menschengeschlecht und erlittene, erkämpfte Überwindung, bis zu dem ergreifenden Aufschrei in seinem, durch Jahrzehnte gereiften, Alterswerk, dem ›Neuen Christophorus‹: »Wenn ich schon glaube, so will ich an Gott glauben!«

Der Einbruch des vollen Tageslichts, nach einer durch Nebelziehen vertieften Dämmerung, wirkt in der Natur oft wie ein Erschrecken: der panische Schrecken vor einer Gewaltsamkeit, die nicht nur Wärme spendet und die Geschöpfe mit ihrem zeugenden Strahl durchdringt, sondern sie auch der Hülle nächtlicher Verborgenheit wie eines mütterlichen Schoßes beraubt. Für den jungen Hauptmann glich dieser erste, schwer umkämpfte Bühnenerfolg einer zweiten Geburt. Auch ist es, als sei er – obwohl schon verheiratet und Vater eines Sohnes – erst jetzt aus einer verlängerten Pubertät, der keimträchtigen, dumpf sausenden Gärungszeit aller genialen Naturen, zu seiner männlichen Bestimmung erwacht. Die ersten fünfundzwanzig Jahre seines Lebens, so bekennt der Fünfundsiebzigjährige, ihre Eindrücke und Gesichte, seien immer noch und immer wieder der Urgrund seines Schaffens, und er habe sie noch lange nicht ausgeschöpft. Jetzt aber ist früher Morgen, und bis zur Mittagszeit gibt es keine

Pause. Unermüdlich ist er am Werk. Er gleicht einem Mann, der im ersten Frühling, nach der Schneeschmelze, sein Haus zu bauen beginnt, damit es im Herbst bedacht sei und ihn beschirmen könne. Berlin hatte ihn wachgerüttelt. Dort, in der anschwellenden Großstadt und ihrem märkischen Vorgelände, vollzog sich Bedeutsameres als die Begegnung mit der jungen, progressiven Literatur. Dort traten ihm, in alltäglicher Umwelt, die Menschen seiner Zeit entgegen, so wie sie sich als wimmelnde proles, und doch jeder für sich allein, auf ein neues Jahrhundert und eine im Unbekannten dämmernde Zukunft hinbewegten. »Das ungeheure Lebewesen und Sterbewesen Berlin«, schreibt er von dieser Zeit, »war mir albartig gegenwärtig.« Hier vollzog sich die Zündung an der Wirklichkeit, auch an der des Theaters, die dem rastlosen Schaffen seiner nächsten Jahrzehnte den mächtigen Antrieb und den glühenden Atem verlieh.
Der eigentliche, ewig fruchtbare Quellgrund seines schöpferischen Lebens aber war und blieb die Heimat: ihre Menschen, ihre Landschaft und ihre Sprache, ihr Laut und ihr Klang, ihre Lieder, Sagen und Märchen, ihre Vergangenheit, ihre Gegenwart und ihr Schicksal, dem er bis zu seinem letzten Atemzuge verhaftet blieb. Daß diese Heimat Schlesien hieß – das deutsche Schlesien, dessen vielschichtigen, hintersinnigen Volkscharakter er von Werk zu Werk stärker herausmeißelte, dessen Mundart, einen heute heimatlos gewordenen Dialekt, er der deutschen Dichtung vermachte, hat für uns eine besondere, tief ergreifende Bedeutung. Mundart und Volkssprache werden immer wieder der stärkste Springquell und die mächtigste Treibwurzel der Dichtung sein, und wenn sie versiegen, wird das Dichterwort seine Lebenskraft, auch seine Zaubermacht verlieren. Im Gegensatz zur zerebralen Bildungssprache ist Mundart völlig elementar, immer gegenständlich und ebenso immer im bildnerischen Sinne produktiv, weil sie aus der unmittelbaren Anschauung keimt, sproßt und wuchert. Sie kennt keine Abstraktion,

aber sie vermag dem Gedachten, Geträumten, Erahnten, leibhaftigen Ausdruck zu geben, da sie Laut und Klang aus dem unbewußten Seelengrunde schöpft. Wo das Leibhaftige aufhört, verstummt sie, und überläßt es dem Dichter, den Geheimnissen des nicht mehr Sagbaren nachzulauschen. Denn was der Dichter nicht sagt, was zwischen und hinter seinen Worten steht, verleiht ihnen erst ihr wahres, fortwirkendes Leben. Dieser schlesische Dialekt, wie Hauptmann ihn uns vermacht hat, ist keine verwilderte Hochsprache, kein versudeltes Sprachenkonglomerat, wie man es sonst öfters in Grenzländern findet. Es ist ein eigenwüchsiges, ursprüngliches Deutsch, dem aus der Zeit der Stammesverschiebungen fränkische und suevische Sprachelemente zugrunde liegen, es hat seine originäre, der Natur und den handwerklichen Berufen der Bevölkerung entsprechende Klangfarbe, und es eignet ihm eine besondere, stark akzentuierte Rhythmik.
Der rhythmische Grundzug ist in Gerhart Hauptmanns Schöpfungen, dramatischer oder epischer Art, immer ganz stark ausgeprägt, stärker als der melodische. Daher ist auch Lyrik kaum ein besonderer Zweig seiner Poesie, aber stets seinen Dramen, Epen und Erzählungen eingewoben. Ihn, den Meister einer natürlichen, unverstellten Volkssprache, zog es von Anfang bis Ende zum Vers. Man bezeichnet die im Vers gebundene auch als gehobene Sprache, weil sie das einfach Gesagte in eine festliche Herrlichkeit, eine allverbindliche Weltweite erhebt. Von solcher Erhebung, von ihrer Erfüllung oder der Sehnsucht darnach, ist Gerhart Hauptmanns ganzes Werk durchdrungen wie von einer heimlichen Musik. Die kindlichen Epen und dramatischen Entwürfe seiner Frühzeit sind durchweg in Trochäen und Jamben geschrieben. Seine erste Publikation, nach den Stanzen des von ihm selbst zurückgezogenen Frühwerks ›Promethidenlos‹ – (Das Bunte Buch) –, waren lyrische Versuche romantischer Prägung. In seinem Lebenswerk hat er sich so ziemlich mit allen bekannten Versgestalten und Versmaßen

versucht, – nachdem ihm in ›Hanneles Himmelfahrt‹ zum ersten Mal der Übergang von realistischer Volkssprache zur visionären Poesie traumhaft gelungen war. In späteren Stücken schreckte er nicht vor der Anwendung des für die deutsche Sprache schwer verträglichen Versmaßes des spanischen ›Romanzero‹ zurück, wo ihn der Stoff und der Gehalt des Werkes dazu bewegte. Im ›Großen Traum‹, dem Gesang seiner Seele und dem Brevier seines reifen Geistes, bedient er sich, in Anlehnung an Dante, der gereimten Terzine und läßt sie an solchen Stellen, wie im ›Hadumoth-Gesang‹, auf eine wunderbare Weise erblühen. Sein ländlich-frommes Erinnerungsgedicht, ebenso wie seine wild phantastische Zeitspiegelung, der gewaltige ›Till Eulenspiegel‹, sind im Hexameter geschrieben, der zwar nicht so wellenleicht und stromesmächtig dahinfließt wie bei Goethe in ›Hermann und Dorothea‹, jedoch im ›Till‹ gerade durch sein hartes, gewalttätiges Pochen und Knöchelklopfen der apokalyptischen Stimmung des Werkes eine besondere, fast sichtbare Wirkungskraft verleiht – wie wenn Sehnen, Flechsen und Gerippe durch Haut und Fleisch eines lebendigen Leibes immer durchscheinen würden. Und wenn auch bewußt in klassizistischer Manier gehalten – da jede andere wohl das Ungeheure des Stoffes überspannen würde –, wird der fünffüßige Jambus seiner erbarmungslosen Atridentetralogie, die das unbegreifliche Entsetzen jüngst vergangener Läufte bannen will, häufig zu einem besessenen Leiern, darin sich das Heulen der Blut- und Rachegöttinnen mit dem feierlichen Aufkreischen der Priester zu mischen scheint wie beim Festzug der Osiris. Es ist aber auch in vielen seiner großen realistischen Dramen, ich nenne nur ›Fuhrmann Henschel‹ und ›Michael Kramer‹, der heimliche Vers zu entdecken, und es hält nicht schwer, lange Strecken dieser Werke in vier- oder fünffüßige Jamben aufzulösen. Er hatte, als er mit seinem vollen Tagewerk begann, wie Luther es nennt, dem Volke aufs Maul geschaut, und dieses in Fleisch und Blut Erfahrene verband

sich mit einem eingeborenen künstlerischen Talent, wie es nur dem der großen Musiker vergleichbar ist.
»›Warum ist man nicht mehr Musiker‹, denkt der Dichter, ›da man doch vor allem Musiker ist!‹« lautet eine Eintragung in seinem Tagebuch. Dabei hörte ich ihn selbst einmal sagen, daß er nicht eigentlich musikalisch sei, sondern die Musik nur liebe; und was anderes könnten wir alle, soweit wir nicht Musiker sind, von uns behaupten?

Gerhart Hauptmanns Sprache wächst ebenso aus einer natürlichen Sinnenfülle, aus einer irdisch-konkreten Anschauungskraft, wie aus einer künstlerischen Passion, das heißt aus einer übersinnlichen, überirdischen Liebe, die dem schöpferischen Geheimnis, dem Offenbarungsgehalt aller Sprache gilt. Es kommt dabei nicht darauf an, wie Sprache geworden oder entstanden ist, sondern nur darauf, daß sie *ist,* und wozu sie berufen ist. Über Beruf und Berufung der Sprache, und damit des Menschengeschlechtes, finden wir in Hauptmanns sparsamen Meditationen, in denen er die Essenz seiner Lebens- und Kunsterfahrung zusammenfaßt, diese Sätze:
»Die Natur ist dem Menschen stumm, außer durch die Sprache des Menschen zum Menschen.
Zum Menschen redet allein der Mensch.
Ingleichen Gott?
Jedenfalls hat er sich auch im Gotteswort menschlicher Sprache und menschlicher Schrift bedient ...
Nur der Mitmensch kann zum Mitmenschen sagen: du bist, und ich bin. Ein besseres Zeugnis ist nicht zu gewinnen. So wäre denn Sprache das wahrhaft göttliche Element und das höchste Erkenntnisorgan.
Jedes Tier ist natürlich belehrt.
Auch der Mensch als Tier ist natürlich belehrt. Aber als Mensch ist er übernatürlich und künstlich belehrt.
Und zwar durch den Geist, den heiligen Geist, mittels der Sprache, die sein Kind und zugleich seine Mutter ist.«

Zweiundzwanzig Theaterstücke, um zunächst nur von diesen zu sprechen, enthält die sechsbändige Volksausgabe seiner Werke, die zu seinem fünfzigsten Geburtstag im Jahre 1912 veranstaltet wurde. All diese Stücke, zu denen solch epochale Dichtungen gehören wie ›Die Weber‹, ›Florian Geyer‹, ›Der Biberpelz‹, ›Hanneles Himmelfahrt‹, ›Rose Bernd‹, ›Fuhrmann Henschel‹, ›Michael Kramer‹, die ›Pippa‹, die ›Ratten‹, – sind also in wenig über zwei Jahrzehnten geschrieben worden, in denen neben unzähligen Entwürfen und anderen Prosaarbeiten auch noch einer der größten Romane dieses Jahrhunderts entstand, ›Der Narr in Christo Emmanuel Quint‹, sowie das berückende, von poetischem Zauber und magischer Weisheit fast überquellende Reisebuch: ›Griechischer Frühling‹.

Diese Aufzählung allein, an die sich ein noch umfangreicheres Werk in weiteren drei Jahrzehnten anschließt, hat etwas Schwindelerregendes – man ist versucht, an einen einzigen Höhenflug zu denken, an einen Sturmtanz, der mühelos, über Schluchten und Niederungen hinweg, von Gipfel zu Gipfel trägt. Die Wirklichkeit eines schöpferischen Lebens sieht anders aus. Immer wieder mußte er sich die Höhen seiner Leistung in mühevollem Anlauf, oft auch in bitterster Herzensnot erzwingen. Zwar hatte er das Glück, stets von einer Gefolgschaft unentwegter Anhänger begleitet zu sein, die ihm durch alle Rückschläge hindurch treu blieb, doch waren diese Rückschläge härter und folgenschwerer, als man sichs heute beim Anblick einer so großen und glanzvollen Entwicklung vorstellen kann. War auch sein junger Ruhm um die Welt gegangen, so wurde ihm Anerkennung und breitere Auswirkung zu Hause in einer fast regelmäßigen Wiederholung durch das Verdikt der öffentlichen Meinungsmacher verwehrt und verdorben. Eine ganze Reihe seiner besten Stücke erlitten bei ihrer Uraufführung das Schicksal des Durchfalls, oder waren von seiten der tonangebenden Kritik den heftigsten Angriffen und Schmähungen ausgesetzt. Denn die Kritiker seiner eigenen Generation, die sich – wie Alfred Kerr – leidenschaftlich für ihn einsetzten, galten selbst noch als Außenseiter und wurden mit ihm, den man morbid, kraftlos, dekadent, aber auch eitel, raffiniert und rührselig nannte, in den gleichen Topf geschmissen. Und zwar nicht nur vom unteren Durchschnitt der Tagespresse. Selbst eine so starke Persönlichkeit wie Maximilian Harden – zweifellos eine brillante, faszinierende, wenn auch januskopfige Zeitfigur – gehörte zu seinen erbitterten, unbarmherzigen Gegnern, und er führte eine Feder, die nicht nur verletzen konnte, sondern abschlachten und morden.

Hatte er schon die Komödie ›Der Biberpelz‹, die wir heute als eines der wenigen klassischen Lustspiele deutscher Sprache empfinden, bei ihrer ersten Aufführung im Jahr 1893 als ein »billiges und dürftiges Stück Arbeit« bezeichnet und heruntergerissen, ohne jedoch den Erfolg verhindern zu können, so wütete er drei Jahre später, nach der Uraufführung des ›Florian Geyer‹, höchst erfolgreich und mit einem geradezu manischen Haß – über viele Seiten seiner Zeitschrift ›Zukunft‹ hinweg – gegen das Werk und den Dichter, dem er nicht nur dramatischen, sprachlichen, künstlerischen, sondern auch historischen Scharlatanismus nachzuweisen suchte. Mehr: er sprach ihm darin überhaupt die Fähigkeit zum dramatischen Dichter, alles Ursprüngliche, Kraftvolle und jeden großen Zug, summarisch ab und billigte ihm bestenfalls das schwache Talent zu, »für ein müdes Geschlecht in guten Stunden müde und morsche Menschen lebendig zu machen«. »Es war ein trostloser Abend«, heißt es zu Anfang seiner Florian-Geyer-Kritik, »der trostloseste, den ich je in einem ernsten Schauspielhaus erlebt habe.« Und mit Ausnahme von einigen unabhängigen Geistern, allen voran der prachtvolle Paul Schlenther, wurde das Werk von der gesamten deutschen Presse niedergemacht und vom Publikum achselzuckend begraben. »Herbe Enttäuschung«, »Vertanes Bemühn«, »Das Ende eines vielversprechenden Theaterdichters«, »Zumutung«, »roh«, »weichlich«, »infam«, »geschmacklos« – um nur einige der Urteile zu zitieren, mit denen der schwarze Ritter, wie im Stück durch den vorgeahnten Söldling der Diktatur, den blutrünstigen Schäferhans, ums Leben gebracht wurde.

Drei Jahre hatte er an diesem Werk, im vollen Bewußtsein der großen, selbstgestellten Aufgabe, gearbeitet. In einer Nacht schien die Mühe, der Fleiß und das hohe Ziel verloren. Auch waren in dieser Zeit durch härteste Innenkämpfe und Lebensentscheidungen im persönlichen Bereich seine Nervenkräfte bis zur Zerreißprobe überlastet. So ist es begreiflich, wenn er später erzählt, daß der Mißerfolg des ›Florian Geyer‹ ihn damals fast zum Selbstmord getrieben habe. Der Gedanke an den Freitod, der häufig in seinen Werken als letzter, tragischer Ausweg der verletzten Seele oder des stoischen Geistes erscheint, hat ihn in seiner ersten Lebenshälfte vielfach versucht. Es ist wohl kein anderer der unterhöhlenden Wirkung seelischer Depressionen so sehr ausgesetzt wie der geniale Mensch, und nur aus den Kräften seiner Produktivität erwächst ihm die Überwindung. In seinem Handexemplar des ›Florian Geyer‹ findet sich eine Notiz, die er nach der unglücklichen Premiere im Jahr 1896 hineingeschrieben hat: »Das deutsche Nationalgefühl gleicht einer zersprungenen Glocke: ich schlug mit dem Hammer daran, aber es tönte nicht.« In diesem Gedankenbild steckt schon der Keim zur Selbsterlösung. Nur wenige Monate später brachte er sein Märchenspiel ›Die Versunkene Glocke‹ aufs Theater, in dessen Gleichnis er sich von seinem eignen Glockensturz befreite – »werkwirkend aus der Kraft der Höhen«, wie es an einer der schönsten Sprachstellen des Stückes heißt. Doch scheint es dem späteren Betrachter fast wie eine Ironie, daß gerade dieses Werk, also keineswegs eines seiner größten, mehr als die ›Weber‹, der ›Biberpelz‹, das ›Hannele‹, der ›Geyer‹, ihm den vollen, uneingeschränkten Erfolg und

die endgültige Dichterkrönung in der breiten Öffentlichkeit eintrug. War ihm doch kurz vorher noch der deutsche Schillerpreis für seine unendlich ergreifende und schöne, verzehrend traurige und verzehrend tröstliche Traumdichtung vom Hannele Mattern verweigert worden. Aber auch in der ›Versunkenen Glocke‹ finden sich die Elemente des echten Dichtertraums – mag uns schon die Welt des Rautendelein, deren Name einem schlesischen Volksmärchen entstammt, und ihre Sprache etwas verniedlicht und goldschnitthaft erscheinen und das Meister-Heinrich-Pathos manchmal nicht frei von Larmoyanz –, doch rumoren und poltern, kichern, murmeln und klagen darin die Naturgeister, wie es wohl seit dem ›Sommernachtstraum‹ in solcher Lebensfülle auf keiner Bühne mehr geschah, und der Quell der Volkssprache springt mit neuer, verheißungsvoller Frische. Wenige Jahre später wurde diese Verheißung eingelöst, als er in den großen Schicksalsdramen des Fuhrmann Henschel und der Rose Bernd, auch in den unvergänglichen Worten des Michael Kramer, seiner Mundart bleibende Gestalt verlieh, so wie sie vorher schon im ›Hannele‹ und in den ›Webern‹ gültig geprägt worden war.

Neue Kunst wird häufig von der Mitwelt als morbid empfunden, als krankhaft, dekadent, schwächlich, zersetzend, auflösend, oder auch einfach als unsinnig, da sie fast immer eine Verfeinerung, eine Sublimierung des vorhandenen oder gewohnten künstlerischen Ausdruck bedeutet. Der ästhetische Maßstab scheint gesetzt durch die anerkannten und beständigen Werte, eine neue ästhetische Gültigkeit kann sich erst aus neuem, in seiner Wertsubstanz unerprobtem Empfindungs- und Formungspotential entwickeln. Solches Vordringen ins Unbekannte mag zunächst wie ein Tappen im Nebel sein, oder wie ein Verlassen des festen Bodens, des mühsam errungenen Inselchens, auf dem sich der Mensch seines Wissens und Könnens sicher fühlt. Doch ist diese Unsicherheit, wie sie jedem Aufruhr, jeder Wandlung, ja jeder Empfängnis innewohnt, die Vorstufe zu neuer Ordnung, Formung und Gesetzlichkeit. Gerhart Hauptmann war niemals ein Umstürzler, was die literarische Form anlangt. Er übernahm sie, wie den weitergereichten Eimer des Wasserschöpfers. Neu war der Inhalt, mit dem er ihn erfüllte – nämlich eine neue Erkenntnis der Kreatur, ein Bildnis des Menschenwesens, wie es in solcher Nacktheit und mit solch liebender Durchleuchtung noch nie gestaltet worden war. Als einen Vorläufer und machtvollen Anstimmer empfand er den damals fast vergessenen Georg Büchner, den er – noch vor seinem dramatischen Erstling – für den Kreis der Berliner Literaturrevolutionäre entdeckte, und an dessen vernachlässigtem Grab in Zürich er als junger Mensch einen Kranz niederlegte. In der dramatischen Form hielt er sich fast immer an das Vorbild des strengen Aufbaus in geschlossenen Akten, wie er vor ihm von Ibsen angewandt und vor diesem von den französischen Stückeschreibern, vor allem von Scribe und Sardou, perfektioniert worden war. Doch während sich Ibsen durchweg der psychologischen Enthüllungstechnik bediente, bei der die wesentlichen Elemente der Handlung vor Beginn des Stückes liegen, also bereits geschehen sind und in ihrer Nachwirkung auf die dargestellten Menschen im Lauf des dramatischen Vorgangs aufgerollt werden, läßt Hauptmann in seinen wesentlichen Werken die Geschehnisse selbst und die Personen als ihre Träger sich vor unseren Augen entwickeln, wie wenn man im Zeitraffer der Entfaltung von Pflanzen oder einer biologischen Metamorphose zuschauen würde, und reißt so den Zuschauer mitten in den betreffenden Lebensvorgang, seine Entstehung und seinen unaufhaltsamen Ablauf, also auch in sein Ende und in seine Vergänglichkeit hinein. Am stärksten manifestiert sich diese Unmittelbarkeit der dramatischen Realisation in seiner Tragödie von den schlesischen Webern, mit der Gerhart Hauptmann das ›soziale Drama‹ recht eigentlich erst geschaffen, erfüllt, und gleichzeitig überwunden hat. Keine späteren ›Maschinenstürmer‹ oder Massenstücke konnten es je erreichen. Sein Held ist ›das Volk‹, doch nicht ›die Masse‹, das heißt eine Vielfalt von Einzelnen im gemeinsamen Schicksal, von denen aber jeder seine persönlichen Züge, und damit sein Gesicht und seine Menschenwürde bewahrt. Und natürlich bleibt auch der ›Kapitalist‹ bei Hauptmann ein Mensch und zwar einer, der vom gleichen Zeug ist wie die andern, der selbst aus dem Arbeiterstande kommt und mit gutem Gewissen, mit robuster Überzeugung – (weil es eben, wäre er es nicht, ein anderer täte) – die Rolle des Ausbeuters spielt, ja im Zuge der Zeitentwicklung spielen muß. Das Weberstück steht für alles Menschenelend, für alles Menschenrecht, für alle leidenschaftliche Erhebung der Kreatur gegen ihre Knechtung, aber auch – und darin zeigt sich seine poetische Größe – für die innere Erhebung der einfachen Seele im Glauben an eine höhere, göttliche Gerechtigkeit. »Hie hat mich mei' himmlischer Vater hergesetzt, gell Mutter?« sagt der alte Hilse im letzten Akt, während draußen die ersten Salven krachen – »Hie bleiben mer sitzen und tun, was mer schuldig sein, und wenn d'r ganze Schnee verbrennt.« Er beginnt zu weben, heißt es dann in der Klammer. Ist dies ein Kompromiß, ein Einlenken vor der Gewalt des herrschenden Systems und seiner Exekutive? Ich glaube, das Gegenteil ist der Fall. Hier wird der menschliche Aufruhr nicht abgeblasen, aber es deutet sich eine metapolitische Weisheit an, die der junge Dichter schon in sich trug und der er als reifer Mann beredten Ausdruck verlieh. Die ›Weber‹ sind kein Klassenkampf-Drama, sondern Zeugnis einer mächtigeren Menschlichkeit.

Es ist diese mächtige Menschlichkeit – also mehr als humane Gesinnung oder soziales Ethos, sondern die Umarmung. Umarmung alles Menschlichen und damit Umarmung der Gottheit –, die seinem Werk die überwältigende

Kraft verleiht und auf seine Zeitgenossen und Nachfahren, vor allem auf die schaffenden Künstler der verschiedensten Generationen und Naturelle, die gleiche, alterslose Wirkung ausübt. Ein junger Mensch drängt sich an einem Sonntagnachmittag, im Februar 1894, ins Berliner Residenztheater, wo man das ›Hannele‹ gibt, er muß zu seinem Kummer einen teuren Platz erstehen, da keine billigen mehr zu haben sind. »Ich bin nicht mehr ich«, schreibt er über das Erlebnis, »ich bin nur noch ein Wesen im Finstern mit einem Auge, – mit verhaltenem Atem, – mit einem schwellenden Gefühl süßesten Glükkes, – mit dem Bewußtsein, eine Offenbarung zu empfangen, die lauterste, wunderbarste, innigste deutsche Poesie!« Der junge Mensch, der sich durch Hauptmanns Dichtung so enthusiastisch beglückt fühlte, war Ernst Barlach, damals noch völlig unbekannt, lange bevor er selbst zu dichten begann und als Bildhauer Weltbedeutung erreichte. Nicht nur Hauptmanns Generationsgefährten, wie Liebermann, Corinth, Slevogt, deren Kunststil und Ausdruckswille dem seinen ähnlich waren, sondern Künstler und Dichter, die kaum eine Wesensverwandtschaft mit ihm verbindet, bekennen sich zu seinem Werk in begeisterter Hingabe. »Ich saß«, schreibt Rainer Maria Rilke von einer Probe des ›Michael Kramer‹ im Jahre 1900, »... ganz allein in dem dunklen Zuschauerraum des deutschen Theaters und wartete. Aufgewühlt, aufgefurcht im Innersten, war ich wie ein offenes Feld, und als die große Gebärde des Säemanns über mich hinwies, da fühlte ich schmerzhaft den Fall des Samenkorns an meinem bloßgelegten Herzen ... Nie hab ich ein solches Geschehen auf der Bühne gesehen, nie eine solche Wiederkehr des Monologs geahnt, eine solche Gewalt, Schlichtheit und Schönheit des Wortes, die alles Gesagte und Gesungene übersteigt ... Der Tod hat alle Masken weggerissen, alle Laden aufgetan und alles enthüllt ...« Fünfzehn Jahre später, in den Schützengräben des Ersten Weltkriegs, nicht lange bevor er fiel, be-

schreibt der Maler Franz Marc, Vorkämpfer und Begründer eines neuen künstlerischen Formgefühls, den ungeheuren Eindruck, den die Lektüre des ›Emmanuel Quint‹ auf ihn machte: »Die Erklärung, warum das Buch so wenig Einfluß gewinnen konnte, kann nur in der Unreife der Menschen liegen ... es ist geistig sternenklar; wenn ich an das Leben Quints denke, beglückt und bedrängt mich eine ähnliche Empfindung, wie beim Anblick des reinen Sternenhimmels, der mir in diesen Kriegsjahren ein solcher Freund geworden ist ...«
Trotz dieser immer tiefer greifenden Wirkung, auf bedeutende Menschen und wohl auch auf das unbefangene Publikum, klappert die alte Mühle der Angriffe, Rückschläge, Verlästerungen in häßlicher Dissonanz. Kurz nachdem Hugo von Hofmannsthal bei der Uraufführung der ›Rose Bernd‹ das Werk in hohen Worten gefeiert, ihm eine neue Läuterung und Heiligung des Theaters zugesprochen hatte, wurde das Stück auf Betreiben des Oberhofmeisteramtes vom Wiener Burgtheater nach fünf Aufführungen abgesetzt, da sich die Erzherzogin Marie Valerie von seinem Inhalt schockiert fühlte. Zwei Jahre später stößt sein kostbares Glashüttenmärchen, die ›Pippa‹, in dem er Züge eines späteren Expressionstheaters vorweggenommen hat, auf ziemlich allgemeine Ratlosigkeit, zum Teil auch spöttische Ablehnung, und sein Meisterwerk ›Die Ratten‹, vielleicht das genialste seiner realistischen Stücke, erlebte bei der Uraufführung im Jahre 1911 einen totalen Durchfall: wieder erklangen die Töne, mit denen man den ›Geyer‹ angeprangert hatte, wieder wurde die herbe Enttäuschung und das Ende eines Dramatikers verkündet, wieder war es Maximilian Harden, der dem Werk in der ›Zukunft‹ den Todesstoß versetzte: »Ein in der Hauptstadt nie heimisch Gewordener«, heißt es da, »der sein Stück für Luxusberliner schrieb. Wohlfeiler Schmierenwitz hilft über öde Strecken, und aus der Langeweile peitscht Ekel die längst schon Gelähmten auf ...« Andere nennen das Stück ein Kolportage-Drama,

in dem alles, was in einer Großstadt passieren kann, in unerträglicher Häufung zusammengepfercht sei, und selbst Alfred Kerr, sonst sein wortstärkster Verteidiger, konnte sich nur für die Gestalt der Frau John in dem, wie er glaubt, schwachen Stück erwärmen. Aber sechs Jahre später schreibt Siegfried Jacobsohn in nobler Zurücknahme seines früheren Fehlurteils: »Weswegen bin ich 1911 vor diesen Ratten durchgefallen?«

Noch einmal hat Gerhart Hauptmann an die Glocke des deutschen Nationalgefühls geschlagen, und sie antwortete mit einem Mißton: als er im Jahr 1913 den Auftrag übernahm, das Jahrhundertfestspiel zur Feier der Befreiungskriege zu verfassen. Er schrieb dieses »Festspiel in deutschen Reimen« als ein exemplarisches Puppentheater, ließ die historischen Figuren, vom faustischen Theaterdirektor aus dem Marionettensack gezogen, in einem beschwingten Knüppelvers reden, und das Stück wurde in der Regie von Max Reinhardt zur Jahrhundertfeier in Breslau aufgeführt. Aber es wurden darin keine Monarchen und Fürsten verherrlicht, keine Lesebuchfigur – selbst nicht die wahrhaft zu Herzen gehende Gestalt der Königin Luise – trat in Erscheinung, es ertönte keine anfeuernde Marschmusik und kein Kriegervereinspathos: das Erweckerverdienst der Volkserhebung wird den Stein, Scharnhorst, Gneisenau, Fichte zugewiesen, und die innere Knechtschaft über der äußeren nicht vergessen:

»Sorget daß Deutschland einig sei,
Und seid selber frei! Seid selber frei!«

ruft das Vaterland in Gestalt von Pallas Athene den ins Feld ziehenden jungen Männern zu. Auch das ›Vorwärts‹ des alten Marschall Blücher, seiner kriegerischen Bedeutung ausdrücklich entkleidet, erhält als letztes Wort des Abends einen anderen Sinn, der den Koryphäen des Kaiserreichs ungut in die Ohren tönte, und es ist nicht verwunderlich, daß der deutsche Kronprinz die Absetzung eines Stückes erzwang, in dem es heißt: »Schwerter sind entartete Pflüge, – Soldaten entartete Bauern!« – Wieder einmal war der Name Gerhart Hauptmanns, wie Theodor Wolff damals im ›Berliner Tageblatt‹ schrieb, der »Verpöbelung« ausgesetzt, und seine an genialischen Fäden gezogenen Marionetten verschwanden rasch in der Versenkung. Doch erinnere ich mich, wie wir als junge Kriegsfreiwillige im August 1914, Schüler, Studenten, Arbeiter, Rekruten aus allen Ständen und Schichten, dieses Stück nachts auf den Strohsäcken unserer Ausbildungsbaracke mit verteilten Rollen lasen, und uns die darin verkündete Erweckung Deutschlands zur wahren, inneren Freiheit als das Ziel der vaterländischen Erhebung vorstellten, die uns ohne Unterschied begeisterte. Daß Gerhart Hauptmann selbst sich dieser Begeisterung der ersten Kriegstage nicht verschließen konnte, bedarf keiner Rechtfertigung. Es lief damals etwas wie ein Springfeuer durch alle Völker und Nationen, über Land und Städte hin, es war ein Schicksalssturm, der alle gemeinsam erfaßte und von dem es kaum eine verstandesmäßige Distanzierung gab. In seinem großen Abrechnungswerk ›Till Eulenspiegel‹, das Hauptmann schon während des Krieges konzipierte und in den Nachkriegsjahren vollendete, hat er dieser Seelenlage, ihrer schuldlosen Schuldverstrickung und der daraus folgenden Problematik, eine so plastische, phantasiegetränkte, bildkräftige und zugleich prophetische Deutung gegeben, wie sie sich kaum in einer anderen Dichtung dieser Epoche niedergeschlagen hat. Die Zeit – das heißt fast alle – ging damals an diesem Werk vorüber, man drückte sich davor, empfand es als unbequem, langstielig, und nicht im aktuellen Sinne modern. Wie modern es war, welch unheimliche Aktualität für unser ganzes Jahrhundert und welche Symbolkraft darin verborgen ist, können wir erst heute ermessen.

Der Mann, über dessen Scheitel sich der hohe Mittag wölbt, darf dem Für und Wider, dem Auf und Ab der Meinungen mit ruhiger Gelassenheit begegnen. Er schaut auf sein Werk zurück, das sich wie ein Bogen über die Jahre spannt – Bogen einer Brücke auf festgefügten Pfeilern, aber auch Himmelsbogen, der im Unendlichen fußt. Dieses Werk war gesellschaftskritisch und zeitkritisch, es war streng und gütig, es war sozialer Aufruhr darin und menschliche Empörung, Verdammung und Seligkeit, es war Vulkan, Brandung, Gewitter und Frühlingsregen, es war alles das, und es war niemals *nur* das. Immer trat zu dem einen noch ein anderes hinzu, um seine geschaffene Welt der Schöpfung ähnlicher zu machen, die dunkle Seite des Mondes hinter der leuchtenden ahnen zu lassen, der Doppelnatur des Menschen nachzuspüren, das ungehobene Gold unterm Kieselschutt zu erkennen, und jenen »Funken zwischen Stein und Stahl« zu erwecken, als den er die Erscheinung des Gottes Eros bezeichnete. Er schöpfte aus seiner Kraft und seiner Schwäche, aus seiner heilen Natur und aus ihrer Verwundbarkeit. In seiner Jugend, bei der Hochzeit des Dreiundzwanzigjährigen mit seiner ersten Frau Marie, spielte sich ein kleiner Vorfall ab, von dem er im Alter fast unbeteiligt, unerregt, in seinem frühen Romanfragment mit brennender Empörung berichtet: auf der Brühlschen Terrasse in Dresden, auf der das Brautpaar nach dem Hochzeitsmahl Luft schöpfte, fixierte ein Leutnant der braunen Husaren durch sein Monokel den übermäßig jugendlich wirkenden, nach Hauptmanns eigenen Worten »milchweißen, schwächlichen und ungelenken« Bräutigam und sagte, zu seinen Damen gewandt, mit lauter Stimme: »Der Kerl krepiert ja nach den ersten acht Tagen.« – »Es war«, schrieb der junge Hauptmann, »wie ein Vitriolwurf auf das Angesicht eines Menschen.« Diesen Leutnant, mit seiner brutalen Schnauze und seiner Herzensroheit, treffen wir wieder in unzähligen Gestalten des Hauptmannschen Lebenswerks, in Amtsvorstehern, Landräten und falschen Kavalieren, in den inferioren Stammtischhelden, die in der Wirtschaft von Bentsch den Arnold Kramer zu Tod hetzen, in den wüsten Zeitfiguren, die er im ›Großen Traum‹ mit den Namen »von Wolfsschnauz und Schweinsmaul, die Herrn von Hirnschwund, Herzschwund, Trockenniere« markiert, und bei deren Anblick der Dichter aufschreit: »Tote! steht auf, und sterbt alsdann vor Scham!« – Doch an den Rand eines Manuskriptes, das ich lange nach seinem Tod in Händen hielt, hat er beim Auftritt einer von ihm verabscheuten, als übel und böse gekennzeichneten Person, eines schlechten Charakters, in seiner merkwürdig kleinen und schwebenden, rasch hinfliegenden Handschrift notiert: »Nein. Auch der muß seine volle Menschlichkeit bekommen.« – So sehr er Gemeinheit und Überheblichkeit verachten und hassen konnte, so hat er immer wieder – etwa in jenem feudalen Amtmann, der das sterbende Hannele vernimmt, sogar im Wehrhahn des ›Biberpelz‹, der Geißelung das heilende Öl seines menschlichen Umfassens, also auch des Humors zugefügt, und selbst bei diesen Gestalten die kreatürliche Beschaffenheit, die angepaßte Haut, aus der sie nicht herauskönnen, und die geheime, unbewußte Sehnsucht nach einer besseren, jene Sehnsucht, die seinem Wort gemäß jeder Mensch in sich trägt, mit eingewoben. Ja, er konnte hassen, er konnte donnern und wüten, er konnte in Zorn entbrennen, empört über Roheit, Häßlichkeit, über die schändliche Entstellung des Menschengesichtes, er konnte spotten, höhnen, fluchen und lästern in gerechter Wut, doch es fehlte ihm jeder Zynismus, sein Gesicht kannte keine hämische Grimasse, auch nicht das dünne Lächeln der Ironie. Denn wo er ironisch war, war er selbstironisch, und auch dies löste sich in Humor und somit in Güte. Er war nie eine schwankende Gestalt, aber auch nie eine erstarrte. Keine Partei, keine Gruppe, keine Richtung kann ihn für sich reklamieren. Aber jeder Mensch kann ihn für sich reklamieren. –

Der Dichter des ›Emmanuel Quint‹ und des ›Ketzer von Soana‹ war ein Gottsucher von Anbeginn, und hierin, in der religiösen Gewalt, die luthergleich seine Sprache durchwettert, liegt das, was an seinem Werk ohne Alter ist, und was heute mehr als je einem Mangel begegnet. Auch in der großen Feier des Daseins, in den Feststunden des Lebens, denen er freudig Raum gab, in der Liebe, im Eros, in der Lust, im Rausch, im Genuß der Schönheit vollzieht sich, in seinem Leben und Werk, immer das geheime Entfachen der Opferflamme, die Weihe der Libation. »Als höchste menschliche Lebensform erscheint mir die Heiterkeit«, heißt es im ›Griechischen Frühling‹, »die Heiterkeit eines Kindes, die im gealterten Mann oder Volk entweder erlischt oder sich zur Kraft der Komödie steigert. Tragödie und Komödie haben das gleiche Stoffgebiet: eine Behauptung, deren verwegenste Folgerungen zu ziehen der Dichter noch kommen muß.« Göttliche Heiterkeit, die sich in seinem Werk selten und wunderbar erschließt, ist dennoch unterwandert vom Leiden der Kreatur. »Wollt Ihr Dichter sein?« lautet ein Ausruf in seinem Tagebuch – »Nie werdet Ihr Dichter sein! Dichten ist ein großes Erleiden.« Doch bald darauf kündet ein anderer Satz von ebenso genitorischem Ursprung: »Spiel! Spiel!« heißt es da – »Oh wie über alle Begriffe beglükkend ist Spiel! Gott kann nur spielen, – niemals arbeiten!« – Zwischen diesen Polen, die man auch als Menschenliebe und Gottesdurst bezeichnen kann, bewegt sich sein kämpferisches Leben. Aus wildem Aufbegehren, Hadern mit dem gespaltenen Gott, der Erzeuger des Bösen ebenso wie des Guten ist, aus der Dämonie des ›Veland‹ und der blutigen Raserei der Atridentragödie, schlägt er doch noch einen Funken Hoffnung, in der Versöhnung durch den Opfertod der delphischen Iphigenie. Wie im Leben jedes schöpferischen Künstlers schwebt auch ihm bis zuletzt das Unerreichbare vor, oder das von ihm selbst nicht mehr Erreichbare. Doch fällt mir hierzu ein Satz von Goethe in die Hand, der die Grenzen des Erreichbaren

und gewiß des von Gerhart Hauptmann Erreichten absteckt: »Ein großer dramatischer Dichter«, schreibt Goethe, »wenn er zugleich produktiv ist und ihm eine mächtige edle Gesinnung beiwohnt, die alle seine Werke durchdringt, kann erreichen, daß die Seele seiner Stücke zur Seele des Volkes wird. Ich dächte, das wäre etwas, das wohl der Mühe wert wäre.« Gerhart Hauptmann dürfte sich kaum dieses Goethesatzes bewußt gewesen sein, als er, im ›Griechischen Frühling‹, niederschrieb: »Was wäre ein Dichter, dessen Wesen nicht der gesteigerte Ausdruck der Volksseele ist!«
Wem dies als Vereinfachung erscheinen könnte, der möge sich an zwei andere Hauptmannsätze halten, in deren Gegenüberstellung sich die proteischen Elemente seines Dichterwesens auf eine im Kontrast fast schreckhafte Weise äußern:
»Sucht Ihr an mir feste Merkmale«, lautet eine Notiz, »so werdet Ihr letzten Endes nur auf das stoßen, was allen Menschen gemeinsam ist.«
Und der andere Satz lautet:
»Ursprung des Dramas ist das zwei-, drei-, vier-, fünf- und mehrgespaltene Ich.«

In Griechenland trat ihm der gemeinsame, volkstümliche Ursprung von Kirche und Theater überzeugend ins Bewußtsein, gleichzeitig die verlorene Bedeutung des Tempels als Stätte der Lebensheiligung. »Jeder echte Tempel ist volkstümlich«, schreibt er dort – »Trotz unserer europäischen Kirchen und Kathedralen glaube ich, gibt es bei uns keine Tempel in diesem Betracht mehr. Vielleicht aus dem Grunde, weil sich bei uns die Lebensfreude von der Kirche geschieden hat, die nur gleichsam den Tod und die Gruft verherrlicht ... Da nun aber das Leben lebt und lebendig ist, so erzeugt sich auch immer unfehlbar wieder der Trieb zur Freude ... Kurz, was heute in Theater und Kirche zerfallen ist, war damals ganz und gar eins; und weit entfert ein memento mori zu sein, lockte der Tempel ins höhere, festliche Leben, er lockte dazu wie ein buntes, göttliches Gauklerzelt.«

Doch war er sich ebenso bewußt, daß die Götter, für die und vor denen man im alten Griechenland Theater spielte, »grausame Zuschauer waren«, und daß es der blutigen Tragödie, des wenn auch nur scheinbaren Menschenopfers bedurfte, um sie zu versöhnen. Instinktiv wußte der geborene Dramatiker dies schon in seiner Kindheit. In Warmbrunn, wo er aufwuchs, gab es ein Kurtheater, nach seiner Beschreibung ein »Holzbau wie eine verwitterte Bretterbaracke«, das nur im Sommer spielte. »Wenn wir zur Schule gingen«, erzählt er im ›Abenteuer meiner Jugend‹, »waren meist Proben, und vor den Eingängen standen die Schauspieler. Was im Theater selbst vorgehen mochte, blieb uns Kindern lange ein Mysterium, desto wilder wucherten die Gerüchte. Einst wurde mir ein Jüngling gezeigt, der heute sein ›Benefiz‹ hatte – etwas Furchtbares sicherlich. Ohne zu ahnen, kamen wir der altgriechischen Ritualbühne und den Gepflogenheiten des römischen Kolosseums in unseren Gedanken sehr nahe, denn uns war dieser Jüngling todgeweiht. Es hieß, er müsse am Abend zum Schluß des Stückes sich selber erstechen, oder er werde hingerichtet. Diese Sache schien mir selbstverständlich. Von einem flüchtigen Gruseln abgesehen, nahm ich sie hin, als wenn man mir gesagt hätte, morgen werden uns in der Schule Bibelsprüche abgehört.«

Vierzig Jahre später, in Griechenland, wird er dieser archaischen Opferbedeutung der Tragödie, die dem Kind so natürlich vorkam, schauernd gewahr, und es spannt sich für ihn der Bogen vom Kult der Demeter und des Dionysos zum Opfer Jesu, des Heilands und Gottessohns, und zum christlichen Mysterium, bei dem, wie bei diesem, »Brot, Wein und Blut, dazu das Martyrium eines Gottes, sein Tod und seine Auferstehung, noch heute den Inhalt bilden ...«

Sein großes Anliegen, die Revitalisierung der in Konvention verkümmernden Religiosität, die er in seiner Legende vom einfältigen schlesischen Schreinergesellen Quint aus den Quellen des Urchristentums erstrebt hatte, scheint ihm jetzt immer mehr aus einer Verschmelzung des Erlösergedankens, der allumfassenden Liebe, mit dem lebendigen Eros der Antike zu erwachsen. »Als Eros verfolgt wurde«, schreibt er in seinen Sonnenmeditationen, »erschien er als Christos: auch Christos ist Eros.« Aus diesem Erkenntnisgrund, aus solcher Empfindungstiefe hat er sein – wie ich glaube – schönstes und reifstes Erzählungswerk geschöpft, den ›Ketzer von Soana‹, in dem, wie im echten Mythos, sich alles Gedachte und Gemeinte völlig in Fabel, Geschehnis, Sinnhaftigkeit des Vorgangs auflöst, und in dem er die Frau, in ihrer natürlichen, ungeteilten Wesenheit, zur eigentlichen Trägerin und Erfüllerin des Schicksals und damit zur Inkarnation des göttlichen Willens erhebt.

Man würde dem Werk und der Gestalt Gerhart Hauptmanns nicht gerecht werden, wollte man nicht der Frauen gedenken, derer, die er uns in seinen Dichtungen geschenkt und wie lebende Wesen ans Herz gelegt hat, und derer, die seinen Weg begleitet und gesegnet haben. Im Anfang ist die Mutter, mit deren Huldigung er sein Lebensgedicht ›Der Große Traum‹ beginnt und endet, in ihrer leiblichen Erscheinung und in ihrer Vergeistigung: »Du, die so klein und gelben Angesichtes / auf weißem Sterbekissen lag in Ruhe, / du stumme Künderin eines fremden Lichtes« – so lautet der erste Dreizeiler der ›Widmung‹, die mit den Worten schließt: »Gebärerin von Zeit und Ewigkeiten.« Zu ihr kehrt er am Ende einer ungeheuren Welt- und Höllenwanderung, die das geistige Ringen seines Lebens verbildlicht, zurück – »dem frühen Schoße getreu«.

Zwei verschieden geartete, man dürfte wohl sagen ›archetypische‹ Frauengestalten treten durch sein ganzes Werk hindurch in vielfältiger Abwandlung immer wieder zu

Tage: die dunkel triebhafte, naturdämonische Trägerin und Beherrscherin des Lebens, die den Mann unterjochen, vernichten, aber auch, in ihrer edleren Erscheinung, krönen und zur höchsten Seligkeit erheben kann; die zarte, fragile, kindhafte, wolkenleichte und ahnungsdurchwehte Mädchengestalt, die aber in ihrer Hingabe, in ihrer spielenden Weltverlorenheit, die Kraft und Süße einer himmlisch-irdischen Verlockung ausströmt. Es sind, um nur einige der leibhaftigsten Beispiele zu nennen, die Lene, »das Mensch« aus dem Thiel – die Hanne Schäl, die Waschfrau Wolff, die Wanda, sogar auch die Rose Bernd und die Griselda, bis zu »der Menschin« Agata aus dem ›Ketzer‹, – und auf der anderen Seite das Hannele, die Pippa, das Rautendelein, die Ottegebe und Gersuind, bis zu dem hinsiechenden, wie eine abgerissene Liadstrophe hinsterbenden Kinde Mignon. Frauen wie Äolsharfen, Männer wie Windwehen oder Wolkenzug. Oder Frauen mit den »Schwingen der Seele«, Männer, die zu schwer sind zum Fliegen. Diese beiden Frauenwesen, die nicht nur sein Werk durchziehen, sondern deren Vorstellung und erlebte Existenz auch seinen Erdentag durchwirkt, entsprechen, wie man sieht, keineswegs den Trennungen der simplifizierten Psychoanalyse: in Mutter und Geliebte – Unberührbare und Lustspenderin – Heilige und Hetäre –, sondern beiden wohnt Keuschheit und Lockung zugleich inne, und immer streben sie im Wunschbild zur Verschmelzung. Groß, machtvoll, herrlich, eine königliche Gestalt, schreitet Agata, die Frau des Ziegenhirten von Soana, zur Berghöhe empor. »War das nicht die Männin«, fragt der Betrachtende, »die Menschin, die syrische Göttin, die Sünderin, die mit Gott zerfiel, um sich ganz dem Menschen, dem Manne zu schenken?« Der Erzähler fühlt vor diesem Weib »sich ganz, ganz klein werden«, als sie, ihn kaum beachtend, doch mit einem leichten, wissenden Lächeln an ihm vorübergeht – »und sie steigt und steigt in die Ewigkeit«, lautet der letzte Satz, »als die, in deren gnadenlose Hände Himmel und Hölle überantwortet sind«.

Die Thronerhebung der Frau in Gerhart Hauptmanns Werk ist mehr als poetisches Frauenlob, oder gar eine Proklamation ihrer männergleichen Rechte, es ist eine neue Erkenntnis und tiefere Deutung des geschöpflichen, aber auch des geistigen Ein- und Doppelwesens ›Mensch‹, eine neue Vision der Schönheit und der Liebe. Denn: »Wer Schönheit empfindet, wie immer, wo immer, der liebt!« steht bei ihm geschrieben.

Und es wäre unmöglich, eine Feier Gerhart Hauptmanns zu beschließen, ohne in Ehrfurcht und Bewunderung der beiden Frauen zu gedenken, die mit milden und starken Händen sein Leben entfalten und krönen halfen: der jungfräulich-mütterlichen Marie, unter deren »dunkle Blicke und in deren Arme« er aus den Verwirrungen seiner Jugend flüchten konnte, deren dunkler Schwermut er sich dann, selbst schweren Herzens, entwand – und seiner zweiten Frau Margarete, die ihn durch ein halbes Jahrhundert, bis zum Tod und über den Tod hinaus, begleitete, und in der er wohl beides, die Vereinigung völliger Hingabe mit großer Daseinsmacht, und damit die volle Glückseligkeit gefunden hat. Beiden gehört unser Dank und unsere Liebe.

»Mein Frühjahr muß früh, mein Herbst spät sein, wenn Früchte reifen sollen«, schrieb Gerhart Hauptmann einmal in sein Tagebuch, wobei er mehr an seine Reisegewohnheiten dachte; denn es zog ihn, wenn es bei uns noch oder schon wieder nebelt, zur Sonne des Mittelmeers. Doch bezieht sich das ebenso auf seinen vollen Erdentag. Er braucht das frühe Licht, die Natur, den Wechsel der Jahreszeiten, den sinkenden Abend, um schaffen zu können. Er liebte es, im Gegensatz zu den meisten Schriftstellern, im Freien zu arbeiten, und viele seiner besten Werke sind während des Nachdenkens auf Spaziergängen entstanden. Andere wieder aus dem Traum. Der Traum war für ihn in vollem Umfang, ohne daß er einzelnen Träumen je nachgedeutelt hätte, eine Quelle der Produktion. In seiner ›Geschichte aus dem utopischen Archipelagus‹, ›Die Insel der Großen Mutter‹, berichtet er von einer Meditation des Jünglings Phaon: »Als Knabe schon hatte er drei verschiedene Arten zu träumen unterschieden: das Wachen im Traum, den im Wachen willkürlich erzeugten Traum, den unwillkürlichen Traum im Schlummer.« Dies steht für ihn selber, und für seine fast unbegreifliche Fähigkeit, traumhaft, und dennoch wachend, in völliger Durchdringung des visionären mit dem konstruktiven und logischen Element, zu dichten. Daher seine Neigung zum Diktat, das ihm den Weg vom Gedanken zur Niederschrift ersparte: ihm genügte der Weg vom Gedanken zum Wort, das er – unbehindert durch die Anwesenheit mitschreibender Personen – frei schöpfend aussprechen konnte. Mit kaum dreiundzwanzig hat er schon, wie er erzählt, einem beschäftigungslosen Turnlehrer ein ganzes Drama, ›Germanen und Römer‹, mit dem er in kindlichem Überschwang Kleist zu übertreffen hoffte, in die Feder diktiert. Und einer seiner zeitweiligen Sekretäre, Felix A. Voigt, erzählt, wie er einmal, allerdings nach langer Qual am Ende eines Nachmittags, plötzlich 40 bis 50 formvollendete Verse, gereimte Terzinen, ohne abzusetzen gesprochen habe, an denen nichts mehr zu ändern war. Große Teile seiner ›Blauen Blume‹, auch das ein Epos in gereimten Versen, hat er seiner Sekretärin Elisabeth Jungmann auf Spaziergängen in der Gegend von Bozen diktiert. Es ist kein Zweifel, daß er in einem solchen, aus der Versenkung erwachsenen, Intuitionszustand gleichsam im Traume sprach. »Was wir im Wachen sehen, ist der Tod. Was uns im Traum begegnet, ist das Leben, sagt Heraklit. So eß ich Traumesbrot«, zeichnet er auf. Diese Traumnähe leitet ihn in die wuchernde, blühende, vielverschlungene Landschaft der Mythen und Märchen. Traumesbrot ist das ›Wunder von Ile des Dames‹, in dem er mit weltmännischem Humor, mit zärtlicher Nachsicht das Matriarchat und die sinnlich-übersinnlichen Mysterien der klugen Damen auf ihrer Robinson-Insel beschreibt – (ein Traumland auch für den Dichter, denn es wäre ihm dort sicherlich sehr gut gegangen). Traumesbrot die in gefährliche Sinnes- und Wahnverstrickung treibende, fiebrische Rauscherzählung vom ›Meerwunder‹. Auch die Tiersymbolik, die Erscheinungen des Theophrast, die Irrlichter und die Eingänge zum Hades in dem – bewußt von Goethe hergeleiteten – ›Märchen‹ bewegen sich in dieser schwebenden, doch niemals vagen oder verschwommenen Sphäre. Köstliches Traumerlebnis ist die Geschichte von der ›Spitzhacke‹, in der die alten baufälligen Wirtshäuser Deutschlands, mit ihren vielfältigen Schildern und Namen, das zum Abbruch bestimmte Hotel seines Vaters, das Haus seiner Kindheit, gleichsam zur Kondolenz besuchen. Wäre Gerhart Hauptmann nie Dramatiker gewesen, hätte er nichts als sein erzählerisches Werk geschaffen, den Quint und den Ketzer, die autobiographischen Bücher, die frühen und späten Novellen, die Geschichten und Romane seiner zweiten Lebenshälfte bis zu dem unvollendeten ›Christopherus‹, er wäre immer noch einer der reichsten und produktivsten Dichter unserer Zeit.

Das Gewölk des späten Nachmittags kann den Durchbruch der sinkenden Sonne nicht verhindern. Die Strahlenbrechung bereichert ihren Glanz. Die Dramen der letzten Jahrzehnte, aus einem unerschöpflichen Reichtum in den verschiedensten Formen versucht, finden wechselndes Schicksal. Eine Zeitlang ist es so, wie Kasimir Edschmid ganz richtig in seinem Buch ›Lebendiger Expressionismus‹ schreibt: »Es schien damals für junge Menschen (nicht nur für Literaten) tatsächlich unmöglich, Theaterstücke der gerade vorausgegangenen Zeit anzusehen, ohne sich zu langweilen. Hauptmann schien genau so entfernt wie Sudermann.« Es dauerte nicht lang, bis die Fanale und Blendfeuer dieser kurzen Epoche ihrerseits

einer Langeweile verfielen, die sie begrub. Gerhart Hauptmanns Abendrot aber flammte noch einmal in jener denkwürdigen Reinhardt-Aufführung des Dramas ›Vor Sonnenuntergang‹, in seinem siebzigsten Jahr.
Ein Jahr später brach die Finsternis über Deutschland herein und betrog sein hohes Alter um den Frieden. Doch wie der alte Hilse, mußte er an dem Webstuhl bleiben, an den ihn sein himmlischer Vater hingesetzt – auf die Gefahr hin, daß ihn die verirrte Kugel trifft. Sie hätte ihn fast getroffen, als er – am 13. und 14. Februar 1945 – von einem nahegelegenen Sanatorium aus die Vernichtung Dresdens miterlebte. Die Botschaft, die er darnach über den Rundfunk an die Welt richtete, gehört zu den menschlichsten Worten, die in dieser Zeit in unserer Sprache gesprochen worden sind. »Ich bin nahezu dreiundachtzig Jahre alt«, lautet der letzte Satz, »und stehe mit einem Vermächtnis vor Gott, das leider machtlos ist, und nur aus dem Herzen kommt: es ist die Bitte, Gott möge die Menschen mehr lieben, läutern und klären zu ihrem Heil als bisher.«
Wenn Gerhart Hauptmann den Namen Gottes anruft, so ist dies kein leeres Wort – kein Ausweichen in atavistische Heilsgebärde, keine Flucht in vergangene Tröstungen. Es ist ein Vortasten ins Zukünftige, zu einem neuen Bewußtsein der Erlösungsfähigkeit, das den Menschen nicht der Verantwortung für sein irdisches Schicksal enthebt, sondern sie ihm erst wahrhaft auferlegt. Bis zu seinem Ende hat er in der Arbeit an seinem unvollendeten Prosawerk, dem ›Neuen Christophorus‹, um Erkenntnis und Klärung gerungen, die ihm, dem chthonisch Gebundenen, nur wie ein gelobtes Land in der Ferne erscheinen mochte. »Es muß mir genügen«, heißt es dort, »wenn ich das Heilandsknäblein über den reißenden Strom der Gegenwart in die Zukunft hineinrette.« Diese Zukunft mitzugestalten – oder, wie er es im letzten Satz des vorliegenden Fragmentes nennt: »mit den wahrhaft lebendigen Geistern der Deutschen das neue Gesetzbuch zu beraten« –, war ihm nicht mehr vergönnt.

In mühevoller Fahrt war er von Dresden in die bedrohte, schlesische Heimat zurückgekehrt, um ihr Schicksal zu teilen, und er starb dort ein Jahr später in seinem Haus, das er die ›mystische Schale seiner Seele‹ genannt hatte, bevor man ihn daraus vertreiben konnte. Doch schien seine Zeit noch nicht ausgerundet, sein voller Tag noch nicht zu Ende gegangen: es war, als dürfe er die Erde noch nicht verlassen. Achtundfünfzig Tage, fast zwei volle Monde, dauerte die schwere Reise, die die Frau des toten Dichters mit seinem Sarg antreten mußte, bis ihn die Männer von Hiddensee bei Sonnenaufgang ins Grab senkten.

Man sagt, ein großer Mann sei wie ein Baum, in dessen Schatten wir ausruhen. Er ist aber auch wie ein Berg, ein Felsgipfel, über den wir nicht wegsehen können, es sei denn, wir begeben uns in gleiche Höhe. So bedeutet es für uns den Ansporn zu fortgesetzter Bemühung, zur Aufwärtsbewegung, und gleichzeitig umdacht er uns mit seiner schützenden Krone. Er selbst trug eine unsichtbare Krone, er trug sie als Last und er trug sie als Begnadung. Er ist der Letzte, den wir, ohne uns des Wortes zu verdrießen, einen Dichterfürsten nennen dürfen. Er war der letzte völlig naive Dichter, der letzte, der in ungebrochener Naivität, nicht ohne Wissen und Weisheit, doch ohne das Medium der Reflexion, aus dem Weltganzen schöpfte und uns ein Bild der ganzen Welt, der ungeteilten Schöpfung hinterließ. Er selbst ist eine Welt. Er ist bewohnbar. Er ist ein Planet. Ein von Lebewesen bewohnter Planet. Er ist ein behauster Stern. Er ist manchmal fast eine Sonne, um die Planeten kreisen, doch selbst stets ein Kreisender um eine kraftspendende Mitte, deren Kraft ihr Geheimnis ist. So lang er hier war, hatten wir, denen Dichtung Lebensinhalt bedeutet, einen Meister, einen Zunftmeister, einen Vater. Vor dreißig Jahren durfte ich, damals gerade halb so alt wie er, ihm selbst den Dank der jungen Dichter, derer, die das Glück der Ehrfurcht und der Dankbarkeit kennen, darbringen. Heut grüße ich ihn in den Sternen.

Fischer Bibliothek

Inge Scholl
Die Weiße Rose

Abram Terz
(Andrej Sinjawskij)
Klein Zores

Leo N. Tolstoi
Der Tod des Iwan Iljitsch
Erzählung

Jakob Wassermann
Der Aufruhr um den Junker Ernst
Erzählung

Franz Werfel
Eine blaßblaue Frauenschrift

Thornton Wilder
Die Brücke von San Luis Rey
Roman
Die Frau aus Andros
Die Iden des März
Roman

Tennessee Williams
Mrs. Stone und ihr römischer Frühling

Virginia Woolf
Flush
Die Geschichte eines berühmten Hundes
Mrs. Dalloway
Die Fahrt zum Leuchturm

Alice Herdan-Zuckmayer
Das Kästchen
Geheimnisse einer Jugend
Das Scheusal
Die Geschichte einer sonderbaren Erbschaft
Die Farm in den grünen Bergen
Das Landleben der Zuckmayers in der Emigration

Carl Zuckmayer
Die Fastnachtsbeichte
Eine Liebesgeschichte

Stefan Zweig
Erstes Erlebnis
Vier Geschichten aus Kinderland
Legenden
Schachnovelle
Vierundzwanzig Stunden aus dem Leben einer Frau
Novelle

S. Fischer

fi 188/4c

Arnold Zweig

Arnold Zweig, 1887 in Glogau geboren, studierte Germanistik, Philosophie, Geschichte, Psychologie, Kunstgeschichte und Nationalökonomie in Breslau, München, Berlin, Göttingen, Rostock, Tübingen. Nach der Teilnahme am Ersten Weltkrieg in Serbien und Frankreich lebte er 1919–1923 als freier Schriftsteller am Starnberger See, dann in Berlin; emigrierte 1933 nach Palästina. Mitarbeit an zahlreichen Emigrantenzeitschriften. 1948 Rückkehr nach Berlin (DDR), wo er 1968 gestorben ist.

Der Streit um den Sergeanten Grischa
Roman. Band 1275

Junge Frau von 1914
Roman. Band 1335

Erziehung vor Verdun
Roman. Band 1523

Das Beil von Wandsbek
Roman. Band 2069

De Vriendt kehrt heim
Roman. Band 5785

Die Zeit ist reif
Roman. Band 5827

Westlandsaga
Eine Chronik. Band 5835

Fischer Taschenbuch Verlag

fi 122/4

EXIL

Literarische und politische Texte aus dem deutschen Exil 1933–1945

Herausgegeben von Ernst Loewy
unter Mitarbeit von Brigitte Grimm,
Helga Nagel und Felix Schneider

Diese Dokumentation über das literarische Exil während der NS-Zeit bringt insgesamt 230 ungekürzte Texte (vom Gedicht zum Romankapitel, von der politischen Rede zum Offenen Brief) von hundert verschiedenen Autoren – von prominenten wie fast vergessenen, auf die sie vor allem aufmerksam machen möchte.

Band 1
Mit dem Gesicht nach Deutschland
Fischer Taschenbuch Band 6481

Band 2
Erbärmlichkeit und Größe
Fischer Taschenbuch Band 6482

Band 3
Perspektiven
Fischer Taschenbuch Band 6483

Fischer Taschenbuch Verlag

fi 57/1

Carl Zuckmayer

Als wär's ein Stück von mir
Horen der Freundschaft. Band 1049

Aufruf zum Leben
Porträts und Zeugnisse aus bewegten Zeiten. Bd.5214

Der Seelenbräu
Erzählung. Band 140

Die Fastnachtsbeichte
Band 1599

Ein voller Erdentag
Schiller, Brüder Grimm, Hauptmann. Band 5830

Eine Liebesgeschichte
Band 1560

Engele von Löwen
und andere Erzählungen. Bd. 2536

Herr über Leben und Tod
Band 6

Salwàre oder Die Magdalena von Bozen
Roman. Band 5729

Sitting Bull
Ein Indianer-Roman und einige Geschichten. Bd. 5828

Der fröhliche Weinberg/Schinderhannes
Zwei Stücke. Band 7007

Der Hauptmann von Köpenick
Ein deutsches Märchen in drei Akten. Bd. 7002

Des Teufels General
Drama in drei Akten. Band 7019

Rembrandt
Ein Film. Originalausgabe. Band 2296

Fischer Taschenbuch Verlag

fi 193/3